Pesquisas em Ensino de Ciências:

Perspectivas e Práticas

Ana Karine Portela Vasconcelos
Blanchard Silva Passos
Edson José Wartha
Organizadores

Pesquisas em Ensino de Ciências:

Perspectivas e Práticas

2024

1ª Edição

Direção editorial: Victor Pereira Marinho e José Roberto Marinho

Capa: Fabrício Ribeiro
Projeto gráfico e diagramação: Fabrício Ribeiro

Edição revisada segundo o Novo Acordo Ortográfico da Língua Portuguesa

Dados Internacionais de Catalogação na publicação (CIP)
(Câmara Brasileira do Livro, SP, Brasil)

Pesquisas em ensino de ciências: perspectivas e práticas / organizadores Ana Karine Portela Vasconcelos, Blanchard Silva Passos, Edson José Wartha. – São Paulo: LF Editorial, 2024.

Vários autores.
Bibliografia.
ISBN 978-65-5563-425-9

1. Ciências - Estudo e ensino 2. Ciências - Pesquisa 3. Professores - Formação I. Vasconcelos, Ana Karine Portela. II. Passos, Blanchard Silva. III. Wartha, Edson José.

24-194037 CDD-507

Índices para catálogo sistemático:
1. Ciências: Ensino 507

Tábata Alves da Silva - Bibliotecária - CRB-8/9253

LF Editorial
www.livrariadafisica.com.br
www.lfeditorial.com.br
(11) 2648-6666 | Loja do Instituto de Física da USP
(11) 3936-3413 | Editora

SUMÁRIO

PREFÁCIO

"A leitura do mundo precede a leitura
da palavra" (Paulo Freire1).

Inicialmente, registro que me sinto honrado em prefaciar este livro, intitulado Pesquisas em Ensino de Ciências: Perspectivas e Práticas, organizado por Ana Karine Portela Vasconcelos, Blanchard Silva Passos e Edson José Wartha. Aqui, a minha leitura se entretece às leituras de mundo de docentes e discentes que compõem o Doutorado em Ensino, da Rede Nordeste de Ensino (Renoen), em especial, do polo do Instituto Federal de Educação, Ciência e Tecnologia do Ceará e da Universidade Federal do Ceará.

Um livro desta natureza contribui para o fortalecimento de uma Pedagogia da Autoria, pois traz as marcas da ética e da intencionalidade de docentes que, juntamente com discentes, promovem um exercício de autoria e construção coletiva. Assim, materializa-se a dodiscência freireana, por meio do trabalho conjunto na realização de pesquisas em que docentes e discentes aprendem e ensinam juntos, em um movimento contínuo de idas e vindas do eu (individual) ao nós (coletivo), com vistas à transformação de uma realidade comum aos sujeitos.

O capítulo 1, redigido por Ana Laura dos Santos Oliveira, Blanchard Silva Passos e Ana Karine Portela Vasconcelos, intitula-se "Abordagem temática no ensino de ciências: explorando a influência freireana e as repercussões do movimento CTS". O texto discorre sobre possibilidades de ressignificação curricular através de abordagem temática, articulando as ideias de Paulo Freire e o enfoque educacional Ciência-Tecnologia-Sociedade (CTS). O/as autor/as concluem que a contextualização do currículo poderá ser constituída por meio da abordagem de temas que trate de situações reais de vivência do aluno, questões econômicas, políticas, sociais, culturais, éticas e ambientais, de forma que possam ser agentes de transformação social em um processo de educação problematizadora que resgate o papel da formação da cidadania.

1 FREIRE, Paulo. **A importância do ato de ler**: três artigos que se completam. São Paulo: Cortez, 1989.

Escrito por Dina Séfora Santana Menezes, Maria Cleide da Silva Barroso e Daniel Brandão Menezes, o capítulo 2, intitulado: "O ensino de estocástica nos anos iniciais a partir das contribuições da literatura infantil", buscou analisar a utilização da literatura infantil para explorar conceitos no ensino de Estatística, destacando as possíveis interfaces entre as áreas do conhecimento: Matemática e Língua Portuguesa. A pesquisa contou com a colaboração de oito docentes dos Anos Iniciais do Ensino Fundamental da rede municipal de ensino de Maracanaú-Ceará, promovendo uma integração criativa e interdisciplinar entre diferentes áreas de conhecimento e contribuindo para o desenvolvimento de estratégias de ensino significativas e contextualizadas.

O capítulo 3 é intitulado "Explorando as relações entre letramento científico e ensino de ciências: uma revisão sistemática", com autoria de Patricia Campêlo do Amaral Façanha, Solonildo Almeida da Silva e Auzuir Ripardo de Alexandria e buscou verificar e analisar, por meio de uma revisão sistemática de literatura (RSL), os artigos de revisão produzidos sobre o letramento científico no ensino de ciências de 2018 a 2023. A/os autora/es chegaram à conclusão de que há a necessidade de mais artigos de revisão, tratando de forma direta a temática, para que haja uma visão mais ampla sobre essa produção científica.

Cristiana Maria dos Santos Silva, Maria Cleide da Silva Barroso e Mairton Cavalcante Romeu assinam o quarto capítulo, "Contribuições da neurociência cognitiva na formação de professores em ensino de ciências". O texto objetivou apresentar e caracterizar as contribuições da Neurociência na formação de professores para o ensino de Ciências. O/as autor/as concluem que a Neurociência desempenha um papel fundamental no entendimento dos processos de aprendizagem. Ao investigar como o cérebro adquire, armazena e utiliza informações, essa ciência pode fornecer conhecimentos significativos sobre como otimizar a aprendizagem e aprimorar as estratégias educacionais.

O quinto capítulo, intitulado "A ludicidade como instrumento no ensino de ciências", autoria de Hemetério Segundo Pereira Araújo e Solonildo Almeida da Silva, reflete acerca da ludicidade como ferramenta para o ensino de Ciências que, em termos gerais, por conta de pré-julgamentos e de efetivo desconhecimento, relega suas conquistas e contribuições ao campo do esvaziamento. Os autores concluem ser necessário e urgente retomar o interesse dos/as discentes pelo que é visto em sala de aula, ressignificando os sentidos dos conteúdos pelas relações que estes têm com a vida real, utilizando-se do lúdico e da ludicidade, como elementos potencializadores do ensino, das Ciências e, mais ainda, do próprio aprendizado.

Pedro Bruno Silva Lemos, Sandro César Silveira Jucá e Solonildo Almeida da Silva assinam o sexto capítulo, intitulado "A inserção do enfoque ciência, tecnologia e sociedade (CTS) no ensino médio brasileiro: uma análise bibliométrica". O texto buscou analisar as publicações científicas brasileiras a respeito da inserção do enfoque CTS no Ensino Médio. A partir da análise de doze artigos científicos, observou-se a maior concentração da publicação sobre CTS no Ensino Médio no decorrer dos últimos anos da primeira década e na segunda década do século XXI. Os autores também identificaram a relevância da tese de Décio Auler, intitulada "Interações entre Ciência-Tecnologia-Sociedade no contexto da formação de professores de ciências", sendo um dos trabalhos mais citados, revelando sua aderência para as pesquisas a respeito da abordagem CTS no Ensino Médio.

O capítulo 7, "Contributos da metodologia do design research para pesquisa no ensino de ciências a partir do olhar de um grupo de pesquisa da Universidade Federal de Sergipe", foi escrito por Sigouveny Cruz Cardoso, Luiz Henrique Barros da Silva, Lorena de Queiroz Pimentel e Erivanildo Lopes da Silva. Os/as autores/as apresentam pesquisas realizadas no âmbito das atividades do Mestrado em Ensino de Ciências e Matemática (PPGECIMA/UFS) e de Projetos de Pesquisa no Doutorado em Ensino da Rede Nordeste (Renoen) com base na metodologia do *Design Based Research*. A conclusão do texto evidencia a eficácia da pesquisa colaborativa, na qual a participação de desenvolvedores de materiais didáticos com outros pesquisadores e intervenientes do processo vêm apontando um processo investigativo com robusta produção e validação desses materiais. Os/as autores/as revelam ainda os limites, as potencialidades e as necessidades de refinamento dos materiais projetados com base em problemas educacionais, para os quais são estudadas e produzidas soluções adequadas para a realidade em estudo.

O oitavo capítulo, "Ensino de ciências e relações étnico-raciais: as contribuições das Epistemologias do Sul", redigido por Rafael Casaes de Brito, Benedito Gonçalves Eugenio e Catiana Nery Leal, analisa as contribuições das Epistemologias do Sul para o ensino e a formação de professores de ciências, destacando sua relevância no contexto das relações étnico-raciais no Brasil. A/

os autora/es destacam a importância das Epistemologias do Sul no contexto do ensino de ciências e das relações étnico-raciais, promovendo uma abordagem mais inclusiva e diversificada no campo da educação científica.

O livro é encerrado com o capítulo escrito por Suelem Maquiné Rodrigues e Raquel Crosara Maia Leite, intitulado "A abordagem etnográfica: contribuições para o letramento científico". As autoras apresentam os fundamentos da pesquisa etnográfica voltada para o ensino de Ciências a fim de contribuir para as práticas do letramento científico. O texto conclui que o letramento científico dialoga com o repertório de mundo dos estudantes, considerando-os como atores sociais, construtores dos significados e representações dos saberes científicos em sociedade.

Esta obra, elaborada a partir de pesquisas científicas no âmbito da pós-graduação *stricto sensu*, reflete sobre o ensino de Ciências na contemporaneidade e traz significativos contributos à área. Tendo o ensino de Ciências como eixo suleador, os textos discutem: Ciência-Tecnologia-Sociedade (CTS); interfaces entre Matemática e Língua Portuguesa no ensino de estocástica; letramento científico; contribuições da neurociência cognitiva à formação de professores; ludicidade; ensino médio brasileiro; *design research*; relações étnico-raciais e Epistemologias do Sul; abordagem etnográfica.

Que a leitura do livro Pesquisas em Ensino de Ciências: Perspectivas e Práticas favoreça uma reflexão permanente e crítica dos processos de ensino, que se configuram como inacabados, essencialmente inconclusos, multifacetados e em constante transformação2.

Que as nossas leituras de mundo iluminem a leitura deste livro, trazendo para o diálogo o conjunto de significados, de saberes, de experiências e de conhecimentos que historicamente temos acumulado.

Uma leitura libertadora é o meu maior desejo!

Redenção/CE, outubro de 2023.

Prof. Dr. Elcimar Simão Martins
Universidade da Integração Internacional da Lusofonia Afro-Brasileira (UNILAB).
Diretor do Instituto de Ciências Exatas e da Natureza (ICEN/UNILAB)

2 FREIRE, Paulo. **Pedagogia da autonomia**: saberes necessários à prática educativa. 30. ed. São Paulo: Paz e Terra, 2004.

CAPÍTULO 1

ABORDAGEM TEMÁTICA NO ENSINO DE CIÊNCIAS: EXPLORANDO A INFLUÊNCIA FREIREANA E AS REPERCUSSÕES DO MOVIMENTO CTS

Ana Laura dos Santos Oliveira
Blanchard Silva Passos
Ana Karine Portela Vasconcelos

Resumo

As práticas educacionais norteadas por modelos conteudistas, fragmentados e descontextualizados não instiga o educando a relacionar o conhecimento com problemas reais do cotidiano. Na busca por ideias para mudanças curriculares com perspectivas em temáticas socialmente relevantes, busca-se discorrer sobre possibilidades de ressignificação curricular através de abordagem temática, articulando as ideias de Paulo Freire e o enfoque educacional Ciência-Tecnologia-Sociedade (CTS). Enquanto o CTS busca abordar questões sociais, ambientais, éticas e políticas relacionadas à ciência e tecnologia, a perspectiva freireana enfatiza a problematização da realidade vivida pelos alunos para estimular o pensamento crítico. Nessa perspectiva a contextualização do currículo poderá ser constituída por meio da abordagem de temas que trate de situações reais de vivência do aluno, questões econômicas, políticas, sociais, culturais, éticas e ambientais, de forma que possam ser agentes de transformação social em um processo de educação problematizadora que resgate o papel da formação da cidadania.

Palavras-chave: Abordagem temática. CTS. Paulo Freire.

INTRODUÇÃO

No momento atual, ainda é muito presente a cultura de se planejar as aulas de ciências pautadas em conceitos e conteúdos. Práticas educacionais norteadas por modelos conteudistas, fragmentados e descontextualizados. Essa perspectiva curricular estruturada por conceitos científicos é definida por Delizoicov, Angotii e Pernambuco (2018, p. 146) como Abordagem Conceitual (AC). Nesse modelo o conteúdo possui um fim em si mesmo e não instiga o discente a relacionar esse conhecimento com problemas reais do cotidiano. Não costuma contemplar temas da atualidade, desconsidera acontecimentos presentes na sociedade e aparenta não possuir muita utilidade social.

No entanto, tem crescido bastante o interesse dos pesquisadores por modelos de intervenções curriculares que explorem temas de relevância social (GIACOMINI e MUENCHEN, 2016). Para transformar essa realidade os currículos precisam ser reavaliados para que assim possam sofrer alterações em seus objetivos e perfil de abordagem. Transformar esse currículo conteudista e propedêutico em um um novo modelo que vai da abordagem conceitual para a abordagem temática (FLECK, 2010).

Este outro perfil de currículo pode estar embasado em princípios essenciais que promovam autonomia para a escola, o resgate de práticas e vivências do cotidiano daquela comunidade, o debate e a reflexão coletiva. Para Nascimento, et al (2021) o Ensino de Ciências deve estar articulado e contextualizado nas vivências do aluno, problemas e questões reais que sejam pertinentes no seu cotidiano e contexto social, contribuindo para que sejam desenvolvidas no educando, competências baseadas nos valores sociais e humanos.

Diante desse contexto, busca-se discorrer sobre possibilidades de ressignificação curricular através de abordagem temática, articulando as ideias de Paulo Freire e o enfoque educacional Ciência-Tecnologia-Sociedade (CTS). Ambas são fundamentadas em temas/problemas referentes à questões de importância social presentes no contexto escolar e promovem uma articulação entre os conteúdos do programa disciplinar e esses temas. Conforme exposto por Giacomini e Muenchen (2016, p. 192), quando essas duas possibilidades são trabalhadas de forma efetiva e articuladas nos espaços escolares, o aluno é instigado a pensar de forma mais crítica, através da problematização dos temas situados na sua realidade e articulados de maneira contextualizada com os conteúdos, despertando nele o protagonismo estudantil.

A seguir, discutiremos acerca da relevância do movimento CTS no ensino e também, os pressupostos freireanos de educação. Analisando as possibilidades de relacionar as duas propostas e suas possíveis intervenções curriculares presentes nas literaturas.

ENFOQUE CTS NO ENSINO DE CIÊNCIAS

Com o aumento da problemática ambiental e diante de discussões sobre o conhecimento científico e seu papel na sociedade, expandiu-se pelo mundo um movimento que buscou refletir criticamente sobre as relações entre ciência, tecnologia e sociedade. De acordo com Maraschin e Lindemann (2022), esse movimento cresceu no mundo, por volta da década de 1960, mas no Brasil começou a se destacar na década de 80. Nesse período percebeu-se as influências de novos currículos de Ensino de Ciências que buscaram incorporar nos conteúdos uma abordagem relacionada a CTS. Os trabalhos curriculares em CTS surgiram, assim, como decorrência da necessidade de formar o cidadão em ciência e tecnologia, o que não vinha sendo alcançado adequadamente pelo ensino convencional de ciências.(SANTOS e MORTIMER, 2000).

De Acordo com o que Santos (2008) descreve:

> O objetivo central do ensino de CTS na educação básica é promover a educação científica e tecnológica dos cidadãos, auxiliando o aluno a construir conhecimentos, habilidades e valores necessários para tomar decisões responsáveis sobre questões de ciência e tecnologia na sociedade e atuar na solução de tais questões.(Santos, 2008 p. 112).

No Brasil, pode-se destacar a realização, em 1990, da Conferência Internacional Ensino de Ciências para o Século XXI: ACT – Alfabetização em Ciência e Tecnologia, cuja temática central foi a educação científica dos cidadãos. A partir de então muitos trabalhos vêm sendo desenvolvidos dentro dessa temática (Auler, D. & D. Delizoicov (2006), Santos, W. L. P, & Mortimer, E. F, (2000), Firmino E. E., et al., 2019).

Muitos artigos publicados em periódicos trazem esse tema em discussão e vários pesquisadores têm acrescentado suas contribuições ao movimento. Pode-se considerar, também, que a atual reforma curricular do ensino médio, na Base Nacional Comum Curricular incorpora, em suas competências e fundamentos, elementos que viabilizam elaboração de currículos com ênfase em CTS. Na competência específica três, da área de Ciências da Natureza e suas Tecnologias temos como orientação:

> Analisar situações-problema e avaliar aplicações do conhecimento científico e tecnológico e suas implicações no mundo, utilizando procedimentos e linguagens próprios das Ciências da Natureza, para propor soluções que considerem demandas locais, regionais e/ ou globais, e comunicar suas descobertas e conclusões a públicos variados, em diversos contextos e por meio de diferentes mídias e tecnologias digitais de informação e comunicação (TDIC). (BRASIL, 2018, p 544).

Temas sobre as tecnologias relacionadas à geração de energia elétrica (tanto as tradicionais quanto as mais inovadoras) e ao uso de combustíveis, por exemplo, possibilitam aos estudantes analisar os atuais problemas gerados pelos modos de vida das populações humanas e a responsabilidade social e ambiental. A compreensão desses temas é essencial para um debate fundamentado sobre os impactos da tecnologia nas relações humanas e suas implicações políticas, econômicas, éticas e morais, e sobre seus riscos e benefícios para a humanidade e o planeta.

> É imprescindível que os alunos entendam que a ciência não é neutra, e que muitas vezes representa o interesse de quem a financia (grandes empresas, indústrias, o governo), daí a importância de conhecer e discutir seus avanços de forma contextualizada. (Firmino, et al, 2019 p. 201).

Veremos a seguir como as influências de Freire podem ajudar para essa contextualização abordando temas relacionados à vivência do estudante e aproximando essa educação a sua realidade social e ao seu contexto científico e tecnológico.

INFLUÊNCIAS FREIREANAS NO ENSINO CTS

A articulação entre CTS e Freire é sugerida por Auler (2002), que entende sua relevância em virtude da possibilidade de questionar cenários naturalizados e construções históricas consolidadas quanto à soberania da Ciência e Tecnologia (CT) sobre a população. O mundo contemporâneo não pode desvincular CT da sociedade, assim como deve entender que CT são feitas pelos homens, sujeitos com historicidade e cultura (FREIRE, 2019).

Fonseca, Lindemann, Duso (2019) realizaram uma análise em artigos sobre a abordagem de temas pela articulação entre CTS e Freire, como práticas educativas efetivas, ou seja, vinculadas a processos formativos de elaboração ou execução de propostas. Foi feita uma pesquisa em oito periódicos brasileiros e identificaram que a abordagem de temas aliada a Freire/CTS ocorre por diferentes vieses, desde situações pontuais até contextos maiores de reorientação curricular. Contudo, conforme analisado pelos autores é visto que ainda são poucos os estudos e reflexões realizados sobre práticas efetivas de perspectiva temática.

Nessa perspectiva pretende-se apresentar possibilidades de uma visão humanística de Ensino de Ciências em uma perspectiva educacional de Paulo Freire, que vai além de visões reducionistas do movimento CTS. Santos (2008) defende que o argumento central é que a justificativa sociológica para a inclusão das abordagens das relações Ciência-Tecnologia-Sociedade no Ensino de Ciências deve avançar do foco restrito sobre as discussões de suas implicações sociais, para uma abordagem mais radical, inserindo na perspectiva freireana uma educação política que busca a transformação do modelo racional de ciência e tecnologia excludente em um formato voltado para a justiça e igualdade social. Promover essas discussões no Ensino de Ciências desencadeia uma recontextualização do movimento CTS.

O educador Paulo Freire, em várias de suas publicações apresenta a abordagem temática como sendo algo muito positivo para estruturação de um currículo. Freire, esse educador libertador e progressista teve seu trabalho na educação reconhecido em todo o mundo. Giacomini e Muenchen (2016) ressaltam em seus artigos que a pedagogia libertadora de Freire foi que promoveu esse reconhecimento pelo seu trabalho, defendendo que a escola tem o papel de formar a consciência política do aluno, para que este possa relacionar-se bem na sociedade onde ele está inserido e através da problematização do contexto social nas aulas, desenvolver seu protagonismo e responsabilidade social e ambiental.

"Problematizar, porém, não é sloganizar, é exercer uma análise crítica sobre a realidade do problema." Freire (1987).

Em sua obra, Freire(1987) ainda complementa que a educação problematizadora se faz, assim, um esforço permanente em que os homens vão percebendo, criticamente, como estão sendo no mundo com que e em que se acham.

É preciso que haja a criação de valores e atitudes, aliados à habilidade de tomada de decisões responsáveis, diante de situações reais. Isso pode ser através de uma abordagem temática que, à luz da perspectiva de Paulo Freire, vise a mediatização dos saberes por uma educação problematizadora, de caráter reflexivo, de argüição da realidade, na qual o diálogo inicia a partir da reflexão sobre contradições básicas de situações existenciais, identificadas na educação para a prática da liberdade.

> Assim sendo, a contextualização no currículo poderá ser constituída por meio da abordagem de temas sociais e situações reais de forma dinamicamente articulada que possibilite a discussão, transversalmente aos conteúdos e aos conceitos científicos, de aspectos sociocientíficos (ASC) concernentes a questões ambientais, econômicas, sociais, políticas, culturais e éticas. A discussão de ASC, articulada aos conteúdos científicos e aos contextos é fundamental, pois propicia que os alunos compreendam o mundo social em que estão inseridos e desenvolvam a capacidade de tomada de decisão com maior responsabilidade, na qualidade de cidadãos, sobre questões relativas à ciência e à tecnologia. (SANTOS, 2007, p. 6)

As discussões sociocientíficas em sala de aula, são capazes de gerar diferentes pontos de vista, que poderão ser problematizados mediante argumentos coletivamente construídos, com isso gerar possíveis respostas a problemas sociais relativos à ciência e à tecnologia. Como aborda Nascimento, et al (2021):

> Devem-se oferecer oportunidades para o protagonismo estudantil, onde o aluno se sinta envolvido no processo de aprendizagem, no qual possa desenvolver seu pensamento crítico, saber buscar fontes seguras e ampliar sua capacidade de curiosidade, investigação,

> raciocínio lógico e criação, desenvolver posturas mais colaborativas para que seja capaz de aplicar os conhecimentos na sociedade e ter entendimento do mundo natural e tecnológico. (NASCIMENTO et al., 2021, p. 3)

Esses momentos de diálogo em sala propiciam condições para a difusão de valores assumidos como fundamentais ao interesse social, aos direitos e aos deveres dos cidadãos, de respeito ao bem comum e à ordem democrática.

ARTICULAÇÃO ENTRE O ENFOQUE CTS E PAULO FREIRE

A articulação entre o Enfoque CTS (Ciência, Tecnologia e Sociedade) e as influências freireanas busca promover uma educação crítica, reflexiva e contextualizada, envolvendo a compreensão das relações entre ciência, tecnologia, sociedade e o empoderamento dos estudantes para a transformação social. É perceptível que ambos os enfoques compartilham princípios que podem ser interligados para a construção de uma educação científica mais significativa e engajadora.

Enquanto o CTS busca abordar questões sociais, éticas e políticas relacionadas à ciência e tecnologia, a perspectiva freireana enfatiza a problematização da realidade dos alunos para estimular o pensamento crítico. A união desses enfoques permite a abordagem de problemas reais e complexos, promovendo a análise crítica e a conscientização dos alunos sobre as implicações sociais e políticas das decisões científicas e tecnológicas.

A pedagogia de Paulo Freire valoriza o diálogo como uma ferramenta essencial para a construção coletiva do conhecimento. Conforme escreveram Freitas e Freitas (2018), pode-se perceber que a obra de Paulo Freire desempenha um papel fundamental ao estabelecer um alicerce conceitual sólido para a construção coletiva do conhecimento, onde o diálogo desempenha um papel essencial ao promover a compreensão mútua entre os participantes, estabelecendo um intercâmbio entre semelhantes e diversificados.

No contexto do Enfoque CTS, Freitas e Marques (2019), afirmam que o diálogo ocorre por meio de uma abordagem multidimensional, que considera as implicações sociais, econômicas, políticas e ambientais da produção científica e tecnológica e ao unir esses elementos, os alunos são encorajados a expressar suas opiniões, compartilhar conhecimentos e debater questões complexas, contribuindo para a construção de uma visão mais ampla e crítica sobre as questões científicas e tecnológicas.

Tanto o Enfoque CTS quanto as influências freireanas buscam a transformação social e o empoderamento dos indivíduos. Pinheiro, Silveira e Bazzo (2007), ressaltam que o enfoque CTS visa capacitar os alunos a tomar decisões informadas sobre questões científicas e tecnológicas, envolvendo-se no processo democrático de tomada de decisões, direcionando seus esforços para abordar e resolver problemas que afetam a sociedade à qual ele pertence, promovendo assim uma ação cidadã. A combinação desses princípios pode inspirar os alunos a questionar, refletir e agir de forma responsável diante dos desafios científicos, tecnológicos e sociais.

Nesse contexto, Paulo Freire afirma "se o meu compromisso é realmente com o homem concreto, com a causa de sua humanização, de sua libertação, não posso por isso mesmo prescindir da ciência, nem da tecnologia, com as quais me vou instrumentando para melhor lutar por esta causa" (2007, p. 22).

CONSIDERAÇÕES FINAIS

Modificar o currículo, inserindo uma abordagem temática, com o enfoque CTS e a influência de Paulo Freire significa ampliar o olhar sobre o papel da ciência e da tecnologia na sociedade. É desenvolver no educando uma perspectiva crítica e discutir em sala de aula questões econômicas, políticas, sociais, culturais, éticas e ambientais. De acordo com Santos(2007) essas discussões envolvem valores e atitudes, mas precisam estar associadas à compreensão conceitual dos temas relativos a esses aspectos sociocientíficos. Ele ainda acrescenta que o aluno deve ser estimulado a resolver problemas e tomar decisões, mas para isso é necessário a compreensão de conceitos científicos relativos à temática em discussão. Em geral é comum haver uma certa resistência por parte dos professores de ciências, às vezes até pela falta de habilidade em promover debates em torno de questões políticas, com isso, na maioria das vezes a abordagem de temas CTS acaba restringindo-se à ilustração de aplicações tecnológicas com exemplos de suas implicações.

Para estudar novos modelos curriculares é preciso inserir os agentes que irão utilizar esses modelos. Santos e Mortimer (2000) ressaltam que "não adianta apenas inserir temas sociais no currículo, sem que haja uma mudança significativa na prática e nas concepções pedagógicas." A proposta de incluir temas associados a conteúdos com o auxílio de textos que incorporem discussões de CTS representa uma alternativa para iniciar o professor nesse processo de inovação curricular.

Entender o sentido da abordagem curricular de CTS em uma perspectiva crítica e perceber a importância de se inserir no currículo aspectos sociocientíficos é um importante passo para se concluir o desafio da transformação da postura nas aulas de ciências. Portanto, é preciso uma formação contínua, o que vai além da sua postura de reflexão crítica sobre o contexto da sociedade tecnológica em que vivemos e sim na idealização e no compromisso da construção de um modelo de sociedade democrática, justa e igualitária. Não é somente simplificar currículos, encurtar ou até excluir conteúdos, mas sim de ressignificá-los socialmente, de forma que possam ser agentes de transformação social em um processo de educação problematizadora que resgate o papel da formação da cidadania.

REFERÊNCIAS

AULER, Décio; DELIZOICOV, Demétrio. "Ciência-tecnologia-sociedade: relações estabelecidas por professores de ciências", en **Revista Electrónica de Enseñanza de las Ciencias**, Espanha, vol. 5, núm. 2, 2006.

BRASIL. Ministério da Educação. Base Nacional Comum Curricular. Brasília, 2018.

DELIZOICOV, Demétrio.; ANGOTTI, J. A.; PERNAMBUCO, M. M. **Ensino de Ciências:** fundamentos e métodos. 5. ed. São Paulo: Cortez, 2018.

FIRMINO, Eduardo S. et al. Abordagem CTSA na Química do Ensino Médio: Breve Revisão na Literatura Nacional. **Acta Scientiae**, v. 21, n. 3, p. 196-212, 2019.

FLECK, Ludwik. **Gênese e desenvolvimento de um fato científico:** introdução à doutrina do estilo de pensamento e do coletivo de pensamento. Belo Horizonte, Fabrefactum Editora, 2010.

FONSECA, Eril Medeiros; LINDEMANN, Renata Hernandez; DUSO, Leandro. Práticas educativas pautadas por temas FREIRE-CTS: indicativos de pesquisas em educação em ciências. **Revista Ciências & Ideias**, v. 10, n. 3, p. 136-151, 2019.

FREITAS, André Luis Castro; FREITAS, Luciane Albernaz de Araujo. A construção do conhecimento a partir da realidade do educando. **Revista on-line de Política e Gestão Educacional,** v. 22, n. 1, p. 365-380, 2018.

FREITAS, Nadia Magalhães da Silva; MARQUES, Carlos Alberto. Sustentabilidade e CTS: o necessário dialógo na/para a Educação em Ciência em tempos de crise ambiental1. **Educar em Revista**, v. 35, n. 77, p. 265-282, 2019.

FREIRE, Paulo. **Educação e mudança.** 30ª ed.; Rio de Janeiro: Paz e Terra, 2007.

FREIRE, Paulo. **Pedagogia do oprimido.** 17ª. ed. Rio de Janeiro: Paz e Terra, 1987.

GIACOMINI, Alexandre; MUENCHEN, Cristiane. Avanços alcançados por professores na implementação da abordagem temática em uma escola pública estadual do interior do rs. **Educ. Rev.**, Belo Horizonte , v. 32, n. 3, p. 189-216, set. 2016 .

MARASCHIN, A. A.; LINDEMANN, R. H. Articulações entre CTS e Freire na Educação em Ciências: proposições e discussões evidenciadas entre 2006 - 2020. **Góndola, Enseñanza y Aprendizaje de las Ciencias**, v18 (1), pp. 96 - 113, 2022.

NASCIMENTO FILHO, Vicente Tomé et al. O descarte de resíduos sólidos na perspectiva da Ciência, Tecnologia, Sociedade e Ambiente para o Ensino de Ciências: Uma revisão sistemática da literatura. **Research, Society and Development**, v. 10, n. 7, 2021.

PINHEIRO, Nilcéia Aparecida Maciel; SILVEIRA, Rosemari Monteiro Castilho Foggiatto; BAZZO, Walter Antonio. Ciência, tecnologia e sociedade: a relevância do enfoque CTS para o contexto do ensino médio. **Ciência & Educação** (Bauru), v. 13, p. 71-84, 2007.

SANTOS, Wildson L. P. Educação Científica Humanística em Uma Perspectiva Freireana: Resgatando a Função do Ensino de CTS. **Alexandria: Revista de Educação em Ciência e Tecnologia**, v.1, n.1, p. 109-131, mar. 2008.

SANTOS, Wildson. L. P. Contextualização no Ensino de Ciências por meio de temas CTS em uma perspectiva crítica. **Ciência & Ensino**, vol. 1, número especial, novembro de 2007.

SANTOS, Wildson. L. P; MORTIMER, E. F. Uma análise de pressupostos teóricos da abordagem C-T-S (Ciência - Tecnologia - Sociedade) no contexto da educação brasileira. **Ensaio Pesquisa Em Educação Em Ciências** (Belo Horizonte), v2(2), p110–132, 2000.

CAPÍTULO 2

O ENSINO DE ESTOCÁSTICA NOS ANOS INICIAIS A PARTIR DAS CONTRIBUIÇÕES DA LITERATURA INFANTIL

Dina Séfora Santana Menezes
Maria Cleide da Silva Barroso
Daniel Brandão Menezes

Resumo

O presente artigo tem como objetivo analisar a utilização da literatura infantil para explorar conceitos no ensino de Estatística, destacando as possíveis interfaces entre as duas áreas do conhecimento: Matemática e Língua Portuguesa. Como a Literatura Infantil pode ser efetivamente integrada ao currículo dos Anos Iniciais do Ensino Fundamental para promover uma aprendizagem mais significativa e interdisciplinar? A análise proposta se justifica pela necessidade de enriquecer a abordagem pedagógica no Ensino Fundamental, visando promover uma integração criativa e interdisciplinar entre diferentes áreas de conhecimento. A pesquisa se configura como um estudo de natureza aplicada e caráter qualitativo, envolvendo a colaboração de oito professores dos Anos Iniciais do Ensino Fundamental da rede municipal de Maracanaú, Ceará. Esses professores participaram de um encontro formativo realizado no auditório da Secretaria de Educação do município, com o intuito de contribuir para o desenvolvimento de estratégias de ensino significativas e contextualizadas.

Palavras-chave: Estocástica. Formação de Professores. Literatura Infantil.

INTRODUÇÃO

O ensino de Estocástica, que envolve conceitos de probabilidade, estatística e raciocínio combinatório, desempenha um papel cada vez mais relevante no currículo dos Anos Iniciais do Ensino Fundamental. Conforme Lopes (2012), compreender e aplicar princípios estatísticos desde tenra idade é fundamental para desenvolver habilidades de pensamento crítico e resolução de problemas, permitindo que os alunos naveguem no mundo moderno repleto de informações e tomem decisões informadas. Além disso, a interdisciplinaridade entre a Matemática e a Língua Portuguesa, promovida por meio da Literatura Infantil, oferece uma oportunidade única para tornar o ensino da Estocástica mais envolvente, significativo e contextualizado.

Nesse sentido, Lopes (2012) afirma que

> Essas diferentes formas de raciocínio, quando interligadas, constituem o raciocínio estocástico o qual permite compreender como os modelos são usados para simular fenômenos aleatórios; entender como os dados, são produzidos para estimular as probabilidades, reconhecer como, quando e por meio de quais ferramentas as inferências podem ser realizadas; e compreender e utilizar o contexto de um problema para planejar as investigações, avaliá-las e tirar conclusões (LOPES, 2012, p. 168).

A autora destaca que essas interlocuções da Combinatória, Probabilidade e Estatística favorecem o desenvolvimento desse raciocínio nos estudantes, por meio de conceitos matemáticos inter-relacionados. Nesse contexto, o objetivo da pesquisa é analisar a utilização da Literatura Infantil para explorar conceitos de Estocástica, promovendo a alfabetização e o letramento nos Anos Iniciais do Ensino Fundamental, salientando as possíveis interfaces entre as duas áreas do conhecimento: Matemática e Língua Portuguesa.

Os Parâmetros Curriculares Nacionais (PCN) (1997) introduziram o tema da Estatística como parte do Tratamento da Informação na Educação Básica brasileira. O bloco do Tratamento da Informação abrange conhecimentos de gráficos e tabelas, presente desde o 1º ciclo do Ensino Fundamental, junto com outros três blocos: Números e Operações; Espaço e Formas; e Grandezas e Medidas.

Para esta pesquisa, o foco foi direcionado ao bloco do Tratamento da Informação, agora denominado na Base Nacional Comum Curricular (BNCC), como unidade temática Probabilidade e Estatística. Este é um documento normativo que orienta a elaboração dos currículos das escolas públicas e privadas em todo o Brasil. A BNCC, aprovada em 2018, é um balizador da qualidade da educação brasileira, com referência para políticas na área da Educação, formação de professores, elaboração de materiais didáticos e avaliação.

A BNCC organiza a área de Matemática em cinco unidades temáticas para o Ensino Fundamental do 1º ao 5º ano: Números, Geometria, Álgebra, Grandezas e Medidas e Probabilidade e Estatística. A unidade temática Probabilidade e Estatística oportuniza e amplia conhecimentos básicos para uma educação de qualidade e o desenvolvimento do pensamento estatístico e probabilístico dos alunos.

Ademais, oportuniza e amplia conhecimentos básicos para uma educação de qualidade e o desenvolvimento do pensamento estatístico e probabilístico, ressaltando que

> A incerteza e o tratamento de dados são estudados na unidade temática **Probabilidade e estatística**. Ela propõe a abordagem de conceitos, fatos e procedimentos presentes em muitas situações-problema da vida cotidiana, das ciências e da tecnologia. Assim, todos os cidadãos precisam desenvolver habilidades para coletar, organizar, representar, interpretar e analisar dados em uma variedade de contextos, de maneira a fazer julgamentos bem fundamentados e tomar as decisões adequadas. Isso inclui raciocinar e utilizar conceitos, representações e índices estatísticos para descrever, explicar e predizer fenômenos (BRASIL, 2017, p.230 – grifo do texto original).

Entretanto, a combinatória, conteúdo antes abordado nos Parâmetros Curriculares Nacionais quase que exclusivamente no Ensino Médio, agora, na BNCC, é introduzida já nos Anos Iniciais, incluindo habilidades correspondentes aos objetos de conhecimento e enfatizando o pensamento estatístico, probabilístico e combinatório.

A proposta que os documentos trazem para o ensino inclui noções relativas à Probabilidade, visando ao entendimento desde cedo de que nem tudo ocorre ou deixa de ocorrer com certeza, ou seja, nem todos os fenômenos são determinísticos. Essa percepção é primordial para a compreensão da sociedade e da natureza.

Atualmente, o conhecimento básico em Probabilidade e Estatística é substancialmente importante, desde os Anos Iniciais, através do registro, leitura e interpretação de dados presentes em imagens, gráficos e tabelas, que precisam ser trabalhados em sala de aula. Além disso, esses conceitos são constantemente presentes no mundo do trabalho, na pesquisa científica e nos meios de comunicação.

Nos últimos anos, o ensino de Matemática nos Anos Iniciais do Ensino Fundamental tem evoluído em direção a uma abordagem mais interdisciplinar, visando proporcionar aos alunos uma compreensão mais profunda e significativa dos conceitos matemáticos. Nesse contexto, a utilização da Literatura Infantil como ferramenta pedagógica tem se destacado como uma maneira promissora de integrar diferentes áreas do conhecimento e tornar a aprendizagem mais envolvente e contextualizada.

Nesse sentido, a interdisciplinaridade entre a Matemática e a Língua Portuguesa por meio da Literatura Infantil pode enriquecer o processo de ensino-aprendizagem, especialmente quando se trata do ensino de Estatística e de conceitos estocásticos. Essa abordagem oferece uma oportunidade única de estimular o desenvolvimento do raciocínio estatístico e probabilístico desde os primeiros anos escolares, preparando os alunos para uma compreensão mais sólida e aplicável desses conceitos ao longo de sua jornada educacional.

Diante desse cenário, a seguinte pergunta norteadora surge: Como a Literatura Infantil pode ser efetivamente integrada ao currículo dos Anos Iniciais do Ensino Fundamental para promover uma aprendizagem mais significativa e interdisciplinar, especificamente no contexto da Estatística e da Estocástica?

Dessa forma, a pesquisa tem por objetivo analisar a utilização da Literatura Infantil para explorar conceitos no ensino de Estatística, salientando as possíveis interfaces entre as duas áreas do conhecimento: Matemática e Língua Portuguesa. Almeja-se explorar a interdisciplinaridade entre a Matemática e a Língua Portuguesa por meio do uso da Literatura Infantil, a fim de proporcionar um aprendizado mais significativo e contextualizado da Estocástica nos

Anos Iniciais do Ensino Fundamental, incentivando o desenvolvimento do raciocínio estatístico e probabilístico, e possibilitando uma abordagem mais integrada das competências e habilidades previstas na BNCC.

Para atingir esse objetivo, nossa metodologia configura-se como um estudo de natureza aplicada e caráter qualitativo. A pesquisa envolve a colaboração de oito professores dos Anos Iniciais do Ensino Fundamental da rede municipal de Maracanaú, Ceará. Esses professores participaram de um encontro formativo realizado no auditório da Secretaria de Educação do município, com o intuito de compartilhar experiências e estratégias de ensino que envolvem a integração da Literatura Infantil nos conteúdos de Estatística.

Nas seções seguintes deste artigo, exploraremos mais detalhadamente o potencial da Literatura Infantil como uma ferramenta pedagógica na promoção do ensino interdisciplinar de Estatística nos Anos Iniciais. Analisaremos exemplos práticos de como a literatura pode ser integrada ao currículo, destacando os benefícios para o desenvolvimento do raciocínio estatístico em crianças em fase de alfabetização. Além disso, examinaremos os resultados e as conclusões da pesquisa realizada com os professores, com o objetivo de identificar abordagens eficazes e desafios encontrados na implementação dessa estratégia pedagógica.

A seguir, será abordado o ensino de Estocástica nos Anos Iniciais, que fornece uma introdução clara ao tema da Estocástica nos Anos Iniciais.

O ENSINO DE ESTOCÁSTICA NOS ANOS INICIAIS

O termo "Estocástico", segundo o dicionário Aurélio, refere-se a processos que dependem das leis do acaso, e seus sinônimos são: aleatório, casual, contingente, eventual, fortuito, entre outros. Dessa forma, esse termo é oposto ao determinismo, uma corrente filosófica que afirma uma determinação da ação e das escolhas humanas no mundo.

Nesse contexto de conciliar um mundo estocástico e determinista, ressaltamos a importância da noção de aleatoriedade para a apropriação dos conceitos estatísticos e probabilísticos. Esse conhecimento aleatório está diretamente relacionado à forma como o aluno compreende a realidade e o conhecimento, tornando-os aptos a tomarem decisões informadas.

A Estocástica é um termo europeu específico para o ensino de Probabilidade e Estatística nos currículos de Matemática e é considerada a interface das variadas formas de pensamento e raciocínio probabilístico, estatístico e combinatório, conforme mencionado pela autora Lopes (1998). Cabe ao professor desenvolver no aluno essas formas particulares de raciocínio que envolvem fenômenos aleatórios, interpretação de dados que estimulam a probabilidade, o planejamento de investigações, a coleta de elementos e a constituição de inferências.

Segundo Oliveira e Lopes (2013), a estocástica é uma expressão utilizada para denominar a junção das diferentes formas de raciocínio probabilístico, estatístico e combinatório, conforme ilustrado na Figura 1. Essa conexão é considerada relevante para o envolvimento dos alunos em atividades significativas e para romper com uma prática linear dos educadores matemáticos.

Figura 1 – Organograma da interface dos raciocínios

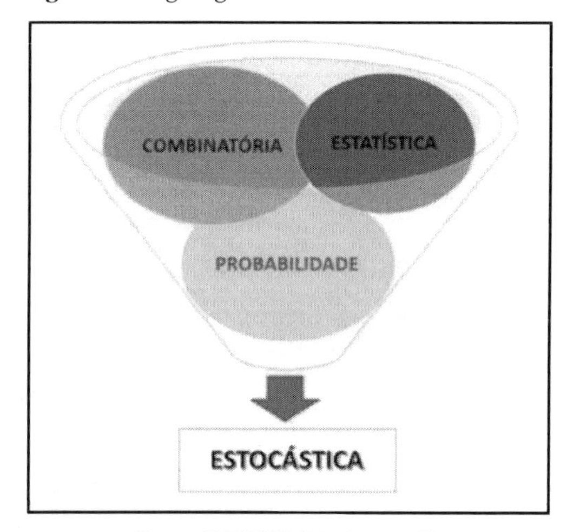

Fonte: LOPES (2012, p. 168).

A autora traz considerações relevantes para a prática do professor na perspectiva da educação estocástica, especialmente no que se refere ao Letramento Estatístico. Segundo Lopes (2008), nas produções científicas, destaca-se a necessidade de enfatizar esse campo do saber desde os Anos Iniciais ao Ensino Superior. A forma como os conceitos e os procedimentos envolvendo a estocástica são abordados desempenha um papel importante no processo de letramento estatístico e probabilístico dos alunos.

Essas considerações nos levaram a analisar a importância da efetivação do ensino da estocástica na sala de aula, a partir dos Anos Iniciais, considerando sempre as possibilidades cognitivas dos alunos. O Ensino de Probabilidade e Estatística nos Anos Iniciais do Ensino Fundamental, baseado nas pesquisas da autora Lopes (1998), que investiga o ensino e a aprendizagem por meio da interface entre os conceitos e o raciocínio combinatório, probabilístico e estatístico, evidencia a relevância da contextualização na resolução de situações-problema reais, vivenciadas pelos alunos de forma significativa.

Lopes (1998) e Guimarães et al (2001) iniciaram suas pesquisas acerca do ensino e da aprendizagem da Estatística nos Anos Iniciais, e outros pesquisadores, grupos de estudos e associações de professores têm dedicado avanços coerentes para identificar e reduzir os obstáculos didáticos no ensino de Estatística.

Além disso, Lopes (1998, p. 11-12) afirma que o "ensino e probabilidade são conhecimentos fundamentais para analisar índices de custo de vida, para realizar sondagens, escolher amostras e outras situações do cotidiano". Dessa forma, a Probabilidade e a Estatística possuem objetos de aprendizagem que estão ao nosso redor, presentes na sociedade, nos meios de comunicação e em diferentes fontes de informação, expondo dados de forma implícita ou explícita, que precisam ser esclarecidos para que possamos tirar nossas próprias conclusões.

Lopes (2013) afirma que: "Para ensinar estatística, não é suficiente entender a teoria matemática e os procedimentos estatísticos; é preciso fornecer ilustrações reais aos estudantes e saber como usá-las para envolver os alunos no desenvolvimento de seu juízo crítico" (LOPES, 2013, p. 905).

Hawkins (1990) propõe um ensino estocástico que não se limite apenas à resolução de problemas e estruturas conceituais, mas um ensino que desenvolva nos alunos formas de raciocínio através de situações-problema mais elaboradas, de coleta de dados, investigação, aleatoriedade, causalidade, ou seja, situações que ampliem seus conhecimentos.

Para o autor, é evidente que o ensino de Estatística requer o desenvolvimento do conhecimento dos professores, considerando o processo de desenvolvimento profissional e a articulação entre teoria e prática, sem privilegiar uma em detrimento da outra.

No ensino estocástico, o aprendizado demanda metodologias que estimulem o desenvolvimento cognitivo dos alunos, levando-os a pensar estocasticamente e dominar diversos saberes que se conectam desde o entendimento do conteúdo até a prática pedagógica. Dessa forma, é importante incluir conceitos e práticas pedagógicas da Educação Estocástica na formação contínua dos docentes, especialmente considerando o interesse de ensinar Estatística nos Anos Iniciais do Ensino Fundamental.

Assim, a (re)significação da ação pedagógica torna-se fundamental para promover reflexões sobre conceitos e conteúdos, utilizando uma abordagem lúdica e significativa para desenvolver o pensamento estatístico e probabilístico, por meio da Literatura Infantil. Conforme apontado por Lopes (2013), para promover uma aprendizagem estocástica na educação básica, é necessário investir essencialmente no trabalho com leituras e escritas nas aulas de matemática.

A fim de exemplificar o que foi trabalhado com os professores dos Anos Iniciais, a partir do livro literário "Fugindo das Garras do Gato", apresentam-se conceitos matemáticos inseridos em situações do cotidiano. Compreender as aprendizagens e o desenvolvimento profissional dos professores é fundamental para que possam trabalhar com o ensino de Estatística de forma colaborativa, elucidando os saberes pedagógicos necessários para alcançar as aprendizagens dos alunos. No próximo tópico, será apresentada a metodologia utilizada e todo o percurso da oficina com os professores participantes dos Anos Iniciais.

CONTRIBUIÇÕES DA LITERATURA INFANTIL NO ENSINO DE ESTATÍSTICA

A Literatura Infantil, ao longo dos séculos, tem desempenhado um papel fundamental na educação e desenvolvimento das crianças. Sua trajetória rica e diversificada transcende o entretenimento, abrangendo aspectos cognitivos, emocionais e sociais que moldam as mentes jovens.

A importância da Literatura Infantil como uma ferramenta educacional que tem desempenhado um papel significativo na transmissão de valores culturais, tem raízes profundas na história da humanidade. Desde os contos folclóricos transmitidos oralmente até as obras literárias cuidadosamente elaboradas. Com o passar do tempo, a Literatura Infantil evoluiu, incorporando diversos estilos, gêneros e narrativas, de fábulas a contos de aventura, de histórias fantásticas a narrativas do cotidiano. Essa diversidade oferece às crianças um vasto mundo de experiências literárias para explorar e aprender.

Segundo Tramontin (2020), além de enriquecer o aprendizado acadêmico, a Literatura Infantil desempenha um papel vital no desenvolvimento emocional e social das crianças. As histórias oferecem percepções sobre dilemas éticos, promovem empatia e incentivam a resolução de conflitos de maneira construtiva. Elas também estimulam a imaginação, a criatividade e a reflexão crítica, habilidades cruciais para a resolução de problemas e o pensamento independente.

Ao explorar a matemática e a história simultaneamente, os alunos têm a oportunidade de ver como essas disciplinas estão interconectadas na vida real. Isso não apenas torna o aprendizado da matemática mais significativo, mas também enriquece a compreensão da história ao contextualizá-la com conceitos matemáticos.

Além disso, essa abordagem estimula a criatividade e o pensamento crítico dos alunos, à medida que eles resolvem problemas matemáticos inseridos em narrativas literárias. Isso demonstra como a literatura pode ser uma ferramenta poderosa para tornar o ensino da matemática mais envolvente e relevante, proporcionando uma experiência de aprendizado mais completa e integrada. Smole (2000, p. 68) afirma que:

> Integrar a literatura nas aulas de matemática representa uma substancial mudança no ensino tradicional da matemática, pois, em atividades desse tipo, os alunos não aprendem primeiro a matemática para depois aplicar na história, mas exploram a matemática e a história ao mesmo tempo (SMOLE, 2000, p. 68).

Smole e Diniz (2001) enfatizam a importância fundamental da leitura não apenas como um ato de decifrar palavras, mas como um processo que capacita os alunos a compreenderem e se envolverem com diferentes formas de linguagem. Elas destacam que o objetivo da leitura vai além da simples decodificação de texto; trata-se de permitir que os alunos alcancem um nível mais profundo de compreensão e desenvolvam a capacidade de refletir sobre o que estão lendo.

Segundo as autoras a leitura deve ser reflexiva e os leitores devem se posicionar diante de novas informações, as autoras enfatizam a natureza ativa da leitura. Isso implica que os leitores não são receptores passivos de informações, mas participantes ativos no processo de construção do significado. Essa abordagem ativa da leitura incentiva os alunos a questionar, analisar e interpretar o que leem, promovendo o pensamento crítico e a busca por novos conhecimentos. Portanto, a integração da literatura nas aulas de matemática representa uma mudança positiva no paradigma educacional.

Introduzir conceitos estatísticos por meio da Literatura Infantil pode promover o desenvolvimento de habilidades analíticas e críticas desde cedo, visto que, a Literatura Infantil também pode ajudar as crianças a compreender o mundo ao seu redor por meio de uma perspectiva Estatística. Livros que exploram temas como previsões meteorológicas, estudos de animais, contagem de objetos e até mesmo a probabilidade em jogos podem despertar a curiosidade das crianças sobre como os números são usados para entender e prever eventos cotidianos.

As crianças podem ser desafiadas a fazer perguntas, observar padrões, comparar dados e tirar conclusões com base nas informações apresentadas nas histórias. Isso fortalece seu raciocínio lógico e habilidades de resolução de problemas, competências essenciais para o desenvolvimento acadêmico e pessoal. Os personagens e situações em livros infantis podem criar um terreno fértil para explorar probabilidades, estudos de amostragem e até mesmo debates éticos relacionados a dados e estatísticas.

A Estatística na Literatura Infantil é uma parceria encantadora que torna o aprendizado da matemática mais envolvente e acessível para as crianças. Essa abordagem permite que as crianças experimentem conceitos estatísticos de forma prática e divertida, preparando-as para um entendimento mais sólido do mundo baseado em dados em que vivemos.

METODOLOGIA

Para auxiliar na realização do objetivo da pesquisa, que consiste em analisar a utilização da Literatura Infantil para explorar conceitos no ensino de

Estatística, salientando as possíveis interfaces entre as duas áreas do conhecimento: Matemática e Língua Portuguesa; nossa metodologia configura-se como uma pesquisa de natureza aplicada, de caráter qualitativo, com a participação de oito professores efetivos dos Anos Iniciais do Ensino Fundamental da rede municipal de Maracanaú, Ceará. O encontro formativo ocorreu no auditório da Secretaria de Educação do município e teve o intuito de contribuir e possibilitar estratégias de ensino de modo significativo e contextualizado.

No encontro formativo, realizou-se uma sondagem inicial abordando conceitos básicos de Estocástica no Ensino Fundamental. Em seguida, apresentou-se reflexões sobre a relevância das estratégias envolvidas a partir da contação da história da Literatura Infantil, voltada ao ensino de Probabilidade e Estatística.

O encontro formativo iniciou com a predição do livro, na qual apresentamos os personagens da capa do livro e os participantes elaboraram hipóteses sobre a história. Em seguida, a pesquisadora realizou a leitura do livro "Fugindo das garras do gato", seguida de discussões geradas pelos participantes sobre os conhecimentos que podem ser trabalhados a partir dessa obra literária. Durante o encontro, também realizamos um pequeno debate, destacando e enumerando estratégias metodológicas que abordam a Estocástica, com o apoio da Literatura Infantil.

A história fala sobre a existência de um celeiro na fazenda que é um esconderijo secreto dos ratos. Lá, eles encontram muita comida e tudo o que precisam, mas precisam fugir das garras do gato malvado. Para se defenderem, eles decidem dar uma lição no gato, e, para isso, planejam amarrar algo barulhento em seu pescoço, a fim de fugir de suas garras. No final, decidem que o melhor seria amarrar um guizo no pescoço do gato.

Além disso, a obra aborda a representação visual e gráfica de quantidades e apresenta ao leitor como a Matemática pode ser ensinada por meio de situações do cotidiano, proporcionando uma aprendizagem lúdica, contextualizada e significativa. Para esse fim, apresentamos no Quadro 1 a seguir, cada etapa trabalhada no encontro formativo para o ensino de Estocástica nos Anos Iniciais.

QUADRO 1 – ETAPAS DO ENSINO DE ESTOCÁSTICA COM A LITERATURA INFANTIL

1° Etapa Pré-teste: Conhecimentos prévios do professor sobre Estocástica	O que você sabe ou entende sobre estatística, probabilidade e combinatória? O que ensinar de estatística a uma criança em processo de alfabetização? Como trabalhar estatística e probabilidade com outras ciências ou com o cotidiano? Nessa unidade temática, em sala de aula, você sabe utilizar outros recursos, não se limitando nas atividades dos livros didáticos? O que você sabe ou entende sobre educação estocástica?
2º Etapa Predição da leitura	a) Inicialmente, o que poderíamos apresentar à turma a partir da capa do livro? • Onde acontece a história? • Quais os animais que aparecem? • Dos animais, quem você pensa que está fugindo das garras do gato? • Porque estão fugindo das garras do gato? b) O que você pensa da história a partir do título? c) Qual será o assunto que pode ser abordado nesse livro? d) O que você pensa que poderá acontecer ao final da história?
3° Etapa Após a leitura	a) Qual foi a alternativa encontrada pelos ratos para se protegerem do gato? b) Se você fosse um dos ratos, que sugestão você daria para se protegerem das garras do gato? c) Na primeira situação de votação dos ratos, quais eram às duas variáveis pelas quais eles deveriam decidir? d) É provável (tem mais possibilidade de acontecer) ou improvável (tem pouca possibilidade de acontecer) que os ratos consigam colocar guizo no pescoço do gato? Quais as possíveis respostas dos alunos com essa primeira questão, o que eles responderiam? Seria, na verdade, a partir da leitura do texto, por indução, estabelecer a comparação de que, o desafio de amarrar o guizo no pescoço do gato é muito menor a "chance" (probabilidade) que os ratos consigam. Dessa forma, possibilita uma melhor compreensão do conceito teórico de probabilidade e o raciocínio probabilístico. e) Que outras situações problema envolvendo os personagens podem ser criadas para o desenvolvimento do pensamento probabilístico? f) Os ratos conseguiram colocar o guizo no pescoço do gato e toda vez que ouvem o trim-trim do guizo, os ratos colocam um quadradinho de papel colorido em uma das colunas do gráfico de barras. Assim, eles podem descobrir em qual momento do dia precisam tomar mais cuidado. Observe a figura do gráfico de barras retirado do livro e responda: A partir desse gráfico, como instigar o aluno a interpretação? Explique sua resposta.

4º Etapa Validação dos conhecimentos	a) Quais conhecimentos matemáticos podem ser trabalhados a partir dessa Literatura Infantil e à qual unidade temática esses conhecimentos estão relacionados? b) A partir do gráfico apresentado na história, como instigar o aluno a interpretar e descobrir em qual momento do dia terá maior probabilidade do gato passar no celeiro? c) Qual é esta probabilidade? E como mediar o aluno para que ele chegue à resposta? d) Verificamos na história a presença de aspectos da fantasia. Existe alguma relação do livro com o cotidiano? e) O livro propõe possibilidades pedagógicas para o trabalho com Probabilidade e Estatística? f) Qual dificuldade pedagógica você encontra ao trabalhar os conceitos matemáticos a partir da leitura do livro Fugindo nas garras do Gato?

Fonte: Elaborado pelos autores (2022).

As perguntas apresentadas abordam diferentes aspectos relacionados ao ensino de Estatística, Probabilidade e Combinatória, bem como à utilização da Literatura Infantil como recurso pedagógico para trabalhar esses temas. São questões relevantes para refletir sobre a melhor forma de abordar esses conteúdos nos Anos Iniciais do Ensino Fundamental.

Vamos analisar cada pergunta individualmente:

- O que você sabe ou entende sobre estatística, probabilidade e combinatória?

Essa pergunta visa avaliar o conhecimento prévio dos professores em relação aos conceitos de Estatística, Probabilidade e Combinatória. É importante conhecer o nível de familiaridade dos docentes com essas áreas para adaptar a abordagem durante a formação.

- O que ensinar de estatística a uma criança em processo de alfabetização?

Essa questão se concentra em como adaptar o ensino de estatística para crianças em processo de alfabetização. É importante considerar linguagem adequada, exemplos relacionados ao cotidiano e atividades lúdicas para facilitar a compreensão dos conceitos.

- Como trabalhar Estatística e probabilidade com outras ciências ou com o cotidiano?

Essa pergunta explora a interdisciplinaridade e a aplicação dos conceitos de Estatística e probabilidade em outras áreas do conhecimento e na vida cotidiana. Isso pode ajudar os alunos a perceberem a relevância desses conteúdos em diferentes contextos.

- Nessa unidade temática, em sala de aula, você sabe utilizar outros recursos, não se limitando nas atividades dos livros didáticos?

Essa questão aborda a diversificação dos recursos pedagógicos para ensinar Estatística e Probabilidade. É importante que os professores estejam abertos a explorar diferentes materiais, como jogos, atividades práticas e a Literatura Infantil, para tornar as aulas mais atrativas e significativas.

- O que você sabe ou entende sobre educação estocástica?

Essa pergunta visa verificar o conhecimento dos professores em relação à educação estocástica, que envolve o desenvolvimento do pensamento estocástico e probabilístico dos alunos. É relevante saber se os docentes estão familiarizados com essa abordagem.

As demais perguntas se concentram na análise e interpretação do livro "Fugindo das Garras do Gato" como recurso para abordar conceitos de Probabilidade e Estatística. Essas questões são importantes para estimular a reflexão dos professores sobre como utilizar a Literatura Infantil para desenvolver o pensamento probabilístico dos alunos e trabalhar com situações-problema que envolvam o tema.

As perguntas abrangem diversos aspectos essenciais para o ensino de Estatística e Probabilidade nos Anos Iniciais, além de promoverem a reflexão sobre a utilização de recursos pedagógicos diversos, como a Literatura Infantil, para tornar o aprendizado mais significativo e prazeroso para os alunos.

Como vimos, na primeira etapa do encontro, foi realizado uma pequena sondagem, com perguntas relacionadas aos conhecimentos prévios dos participantes, sobre a inserção da estocástica nos Anos Iniciais. Após essa sondagem, do conhecimento prévio que os professores desempenharam, socializaram e que foi instigado pela pesquisadora, como forma de ampliar a discussão do ensino de Estocástica nos Anos Iniciais, partimos para o segundo momento, a predição da leitura.

Nesse momento que antecede a contação da história, o propósito foi refletir sobre as estratégias de leitura nas aulas de Matemática, em que leve o aluno a formular hipóteses, antecipar informações que nela esperava encontrar na história, e assim, testá-las confirmando-as ou não. Para terceira etapa, designada após a leitura, os professores puderam explorar situações de aleatoriedade contidas na história, analisando aproximações da história com conceitos matemáticos, e como forma de ampliar as discussões, os professores responderam à todas as questões propostas.

Para última etapa, na validação dos conhecimentos, os professores se posicionaram sobre os conteúdos da Matemática na Literatura Infantil, a partir de questionamentos, visando a demonstração e validação ou não, da metodologia utilizada, através da contação de história, e todo o processo de realização das atividades com os conteúdos de estocástica, abordados na obra literária.

As etapas do encontro foram organizadas da seguinte forma:

- Sondagem inicial: Foi realizada uma pequena sondagem para verificar os conhecimentos prévios dos participantes em relação à Estocástica nos Anos Iniciais.

- Predição da leitura: Antes da contação da história, os professores foram convidados a fazer predições sobre o que esperavam encontrar na história em relação aos conceitos matemáticos, incentivando a formulação de hipóteses e antecipações.

- Exploração das situações de aleatoriedade: Após a leitura da história, os professores puderam explorar as situações de aleatoriedade contidas na história e analisar como os conceitos matemáticos estavam presentes na obra literária.

- Validação dos conhecimentos: Nesta etapa, os professores se posicionaram sobre a metodologia utilizada e discutiram a importância do ensino de Estocástica nos Anos Iniciais, considerando os resultados e reflexões obtidos durante o encontro.

O objetivo da pesquisa foi demonstrar a viabilidade e relevância do ensino de Estocástica nos Anos Iniciais, utilizando a Literatura Infantil como ferramenta pedagógica. O registro do desempenho, participação e relato dos professores fornece dados importantes para validar a metodologia e alcançar o objetivo proposto.

Esse tipo de encontro formativo foi essencial para promover a capacitação e o desenvolvimento profissional dos professores, além de estimular práticas inovadoras e contextualizadas no ensino da Matemática. Ao integrar a Estocástica por meio da Literatura Infantil, os alunos podem desenvolver habilidades de pensamento probabilístico de maneira lúdica e significativa.

Finalizamos o encontro formativo, realizando discussão em grupo e uma avaliação final do que foi consolidado e assimilado pelos participantes, visando refletir a importância do ensino de Estocástica nos Anos Iniciais. Registramos o desempenho, a participação e o relato dos professores a partir da Literatura Infantil, que envolveu conceitos de estocástica, analisando a concordância com o objetivo da pesquisa a ser alcançada e pelo qual apresentaremos a seguir.

DISCUSSÃO DOS RESULTADOS

A partir da primeira etapa do encontro, na sondagem com perguntas relacionadas aos conhecimentos prévios dos participantes, sobre a inserção da estocástica nos Anos Iniciais, os professores relataram que

> *"Nunca ouvi falar" (Professor 1);*
> *"Não recordo esse tema" (Professor 2);*
> *"É o estudo da Estatística" (Professor 3);*
> *"Não tinha ouvido falar antes, mas acredito que esteja relacionado ao estudo da Estatística" (Professor 4);*
> *"Nada, imagino que se relacione à Estatística, pois este é o tema da oficina" (Professor 5);*
> *"Nunca ouvi esse termo" (Professor 6);*
> *"Não ouvi falar, só Estatística" (Professor 7);*
> *"Realmente eu não sei" (Professor 8).*

Diante dos relatos, podemos analisar que o entendimento da interface entre o raciocínio combinatório, probabilístico e estatístico, são desconhecidos por eles. Nesse sentido é necessário a urgência de repensar a formação continuada em serviço e a premência da apropriação dos conceitos e procedimentos envolvidos no ensino da estocástica, visando superar os desafios e dificuldades no ensino, na sala de aula.

Após essa sondagem, do conhecimento prévio que os professores desempenharam, socializaram, e que foi instigado pela pesquisadora, para ampliar a discussão do ensino de estocástica nos Anos Iniciais, partimos para a segunda etapa, a predição da leitura, que possibilitaram aos professores, a compreensão do trabalho pedagógico na área da Matemática, através da literatura, validando a importância de uma predição do texto literário, em que o raciocínio estocástico, parte de hipóteses formuladas, do que seria provável acontecer, do que seria impossível acontecer, do que seria certo e do que aconteceria com certeza ao final da história.

Dessa forma, consideramos partir dos relatos dos participantes, a validação do uso da literatura na Matemática realizada na oficina, para iniciar significativamente os conteúdos da unidade temática Probabilidade e Estatística, desmistificando-a como difícil e desinteressante. A seguir, apresentamos alguns dos comentários dos participantes no momento da oficina:

> *"Antes, normalmente esse assunto só aparecia nos livros mostrando gráficos e/ou tabelas simples. Agora a partir da contação de história abordando esse conteúdo de forma significativa, nasceu o desejo de trabalhar esse assunto que está na BNCC de forma contextualizada e estimulando os alunos a pensar, raciocinar Estatisticamente e gostar de Matemática" (Professor 1);*

> *"Não conseguia incluir nos Anos Iniciais esse conteúdo. Agora, depois da atividade com a contação de história na oficina estou com muitas ideias para pôr em prática" (Professor 2);*

> *"Tinha uma visão bem limitada e até com receio deste conteúdo. Achava tão complexo e sempre associava a porcentagem. Mas depois da contação de história, consigo ver além da limitação inicial. Consigo relacionar com outros conteúdos" (Professor 3);*

> *"Eu nunca imaginei que pudesse trabalhar Probabilidade e Estatística na literatura, pra mim, é algo novo que me foi oportunizado nessa oficina. Nunca me foi oportunizado nas formações continuadas que já tive, nem muito menos na minha formação inicial" (Professor 4).*

É importante destacar a importância da condução, no momento da contação da história, instigando a curiosidade dos alunos, o que foi possível identificar nos professores no momento das atividades em que revelaram interesse em participar e relacionar, no contexto da história, as possibilidades de um evento ocorrer, a construção de gráficos e tabelas a partir dos dados da história, e assim possibilitando uma compreensão conceitual dessa unidade temática.

Acreditamos que, a partir dos relatos dos professores sobre a experiência com a Literatura Infantil, do modo como foi vivenciado, dentro de um contexto, com os conteúdos de Probabilidade e Estatística na oficina, consideramos que, para o ensino de estocástica, são imprescindíveis:

a) Os diversos procedimentos metodológicos diferenciados, que traçam caminhos para construção do conhecimento pelo aluno em sala de aula através de um planejamento previamente estruturado e uma avaliação diagnóstica realizada pelo professor;

b) O trabalho em sala de aula com Situações Didáticas investigativas, desafiadoras e intrigantes, que considerem o contexto atual da vida do aluno para sua tomada de decisão e a interação no mundo em que vive;

c) O trabalho pedagógico que articule os gêneros textuais em um ambiente com acesso à diversidade de leitura, escrita, comunicação oral e resolução de problemas, que possibilitem perceber seus estilos, suas dissemelhanças, sua função social e a própria;

d) O estímulo à criatividade, a participação e o desenvolvimento de estratégias para resolução de Situações Didáticas propostas em sala de aula;

e) Abordagem de conteúdos matemáticos de forma intencional situados na Literatura Infantil usando, como estratégia, a roda de leitura para despertar o gosto pela leitura, promovendo o Letramento Matemático;

Nesse sentido, verificou-se que o leitor se depara com várias situações de estratégias intrigantes e tomada de decisão necessárias, que os personagens se utilizaram, perante os tipos de métodos de coleta e classificação dos dados no contexto da história, e essas estratégias podem levar à compreensão de conceitos matemáticos, além de desenvolver a capacidade de lidar com um conjunto de informações e uma variedade de estratégias significativas, que levam os alunos, o entendimento quanto ao conteúdo tratado em sala de aula, nas aulas de Matemática.

CONSIDERAÇÕES FINAIS

Os resultados deste trabalho nos levam à compreensão de que a Literatura Infantil pode contribuir significativamente para o ensino de Matemática. A contação de histórias, de forma intencional e lúdica, demonstra ser um excelente instrumento para a construção de conceitos matemáticos de forma intuitiva, bem como para o aperfeiçoamento contínuo do ensino de Estocástica nos Anos Iniciais.

Consideramos fundamental para o ensino de Estocástica nos Anos Iniciais o uso de um repertório variado de saberes pedagógicos, evidenciados a partir da Literatura Infantil. Esses saberes ampliam as possibilidades para o desenvolvimento do pensamento e do raciocínio Probabilístico e Estatístico, bem como para a interpretação e familiarização do aluno com dados, gráficos e tabelas presentes nas histórias.

A partir dos resultados e discussões, reconhecemos a importância do papel transformador do professor pedagogo no processo de investigação, interação e produção de saberes pedagógicos originados das vivências com a Literatura Infantil, bem como através dos relatos de experiência ao ensinar e aprender Estocástica.

Analisamos que os professores fazem pouco ou quase nenhum uso dessa estratégia nas aulas de Matemática, priorizando apenas os livros didáticos. Esperamos que a pesquisa possa contribuir para ampliar o entendimento pedagógico dos professores, complementando seu repertório de conhecimentos, a fim de diversificar suas práticas de forma mais assertiva nas aulas de Matemática.

Ademais, acreditamos que investir em metodologias que envolvam a Literatura Infantil como recurso pedagógico pode despertar maior interesse e engajamento dos alunos no aprendizado da Matemática, tornando-a mais significativa e aplicável ao cotidiano. Recomenda-se, portanto, que os professores sejam incentivados e capacitados a explorar esse potencial da Literatura Infantil em suas práticas educativas, fortalecendo o ensino de Estocástica nos Anos Iniciais e proporcionando uma formação mais completa e enriquecedora para seus alunos.

REFERÊNCIAS

BRASIL, Base Nacional Comum Curricular - BNCC. Brasília: MEC, 2018 Disponível em http://basenacionalcomum.mec.gov.br/images/BNCC_EI_EF_110518_versaofinal_site.pdf Acesso em 10 jul.2022

BRASIL, Secretaria de Educação Fundamental. Parâmetros Curriculares Nacionais: Matemáticas (1o e 2o ciclos do Ensino Fundamental). Brasília: SEF/MEC,1997.

GUIMARÃES, Gilda Lisboa; GITIRANA, Verônica; ROAZZI, Antônio. Interpretando e construindo gráficos. 24ª Reunião da ANPED, Anais, Caxambu/ Brasil, 2001.

HAWKINS, A. Training teachers to teach statistics. Voorburg: International Statistical Institute, 1990.

LOPES, Celi Espasandin. A probabilidade e a Estatística no ensino fundamental: uma análise curricular. 139 f. Dissertação (Mestrado) – Faculdade de Educação, Universidade Estadual de Campinas, Campinas, 1998.

LOPES, Celi Espasandin. O ensino da estatística e da probabilidade na Educação Básica e a formação dos professores. Cadernos Cedes, Campinas, v. 28, n.74, p. 57-73, 2008. Disponível em: http://www.scielo.br/pdf/ccedes/v28n74/v28n74a05.pdf. Acesso em 14 set. 2023.

LOPES, Celi Espasandin. A Educação Estocástica na Infância. Revista Eletrônica de Educação, São Carlos, v. 6, n. 1, p. 160-174, mai. 2012

LOPES, Celi Espasandin. Educação Estatística no Curso de Licenciatura em Matemática. Bolema - Boletim de Educação Matemática, Rio Claro, v. 27, n. 47, p. 901-915, dez. 2013.

OLIVEIRA, Débora de; LOPES, Celi Aparecida Espasandin. A prática docente em estocástica, revelada por professoras que ensinam matemática nos anos iniciais do ensino fundamental. Educação Matemática Pesquisa. Revista do Programa de Estudos Pós-Graduados em Educação Matemática. ISSN 1983-3156, v. 15, n. 4, p. 909–925, 2013. Disponível em: <http://revistas.pucsp.br/index.php/emp/article/view/17753>. Acesso em: 20 julho. 2022.

SMOLE, Kátia Stocco. A matemática na educação infantil. Porto Alegre: Artes Médicas Sul, 2000.

SMOLE, Kátia Stocco; DINIZ, Maria. Ignez de Souza Vieira. (Org.). Ler, escrever e resolver problemas: habilidades básicas para aprender. 1. ed. Porto Alegre: Artmed, 2001.

TRAMONTIN, Luana Eveline. A Literatura Infantil como estratégia de aprendizagem no ensino de matemática: 2º ano do Ensino Fundamental I. 2020. 75f. (Mestrado em Ensino de Ciência e Tecnologia) –Universidade Tecnológica Federal do Paraná, Ponta Grossa, 2020. Disponível em: <http://repositorio.utfpr.edu.br/jspui/bitstream/1/4995/1/literaturainfantilaprendizagemmatematica.pdf>. Acesso: 14 set. 2023.

CAPÍTULO 3

EXPLORANDO AS RELAÇÕES ENTRE LETRAMENTO CIENTÍFICO E ENSINO DE CIÊNCIAS: UMA REVISÃO SISTEMÁTICA

Patricia Campêlo do Amaral Façanha
Solonildo Almeida da Silva
Auzuir Ripardo de Alexandria

Resumo

Este capítulo tem como objetivo verificar e analisar, por meio de uma revisão sistemática de literatura (RSL), os artigos de revisão produzidos sobre o letramento científico no Ensino de Ciências de 2018 a 2023. A base de dados utilizada foi o *Google* Acadêmico. A *string* de busca utilizada foi: ((“LETRAMENTO CIENTÍFICO” OR “LC”) AND (“Ensino de Ciências” OR “ ENSINO EM CIÊNCIAS “)). Após a aplicação dos requisitos de inclusão e exclusão, obteve-se 4 artigos de revisão, todos de literatura, revisão bibliográfica; nenhum trazia como objeto de pesquisa o letramento científico no Ensino de Ciências, somente relações com a temática, o que gera algumas reflexões sobre a pesquisa e o reconhecimento da temática investigada. Foram analisados nesse estudo desde os dados gerais, como títulos, palavras-chave, autores, periódicos/anais, instituições de ensino superior e ano de publicação, até a região de cada estudo, assim como objetivos, metodologia, principais resultados e considerações finais. Todos esses dados serviram para caracterizar os estudos realizados e foi identificado que há a necessidade de mais artigos de revisão tratando de forma direta a temática, inclusive mais artigos de revisão sistemática de literatura sobre o assunto supracitado para que haja uma visão mais ampla sobre essa produção científica, também se faz necessária a pesquisa de artigos de revisão em outras bases de dados.

Palavras-chave: Letramento Científico. Ensino de Ciências. Revisão Sistemática. Artigos de Revisão.

INTRODUÇÃO

A partir do século XIX, tanto na Europa como nos Estados Unidos, a ciência incorporou-se ao currículo escolar (DEBOER, 2000) e seu estudo passou a ser considerado como importante. "No Brasil, a preocupação com a educação científica foi mais tardia, acontecendo somente no século XX. Desde então a preocupação crescente com a educação científica vem sendo defendida não só por educadores em ciências, mas por diferentes profissionais" (Santos, 2007, p. 475).

A educação científica, objetiva-se instrumentalizar o indivíduo para que ele seja participante crítico, reflexivo e ativo na sociedade, desenvolvendo o que já traz consigo (Ausubel, 1982; Vygotsky, 1989). Nas palavras de Brandi e Gurgel (2002), essa prática, de certo modo, corresponde às orientações sugeridas nos Parâmetros Curriculares Nacionais (PCNs) para o ensino fundamental sobre as Ciências Naturais (1998, s/p), que dizem:

> Desde o início do processo de escolarização e alfabetização, os temas de natureza científica e técnica, por sua presença variada, podem ser de grande ajuda, por permitirem diferentes formas de expressão. Não se trata somente de ensinar a ler e escrever para que os alunos possam aprender Ciências, mas também de fazer usos das Ciências para que os alunos possam aprender a ler e a escrever.

Contidos na educação científica, há termos que ainda, em algumas situações e conforme alguns pesquisadores, estão em processo de definição do ponto de vista científico, são eles a alfabetização e o letramento científico. Por exemplo, para Bertoldi (2020, p. 1, grifos do autor): "No Brasil, tem-se visto o uso tanto de alfabetização científica quanto de letramento científico para referir-se à educação científica".

Considera-se que a formação de sujeitos alfabetizados do ponto de vista científico e tecnológico precisa iniciar desde os primeiros anos da escolarização (Lorenzetti; Delizoicov, 2001; Tenreiro-Vieira; Vieira, 2011). Portanto o processo de alfabetização científica pode começar cedo de forma que é possível alfabetizar cientificamente alunos que se encontram em processo de alfabetização da língua materna, "respeitando-se as possibilidades cognitivas da faixa etária e o contexto em que se encontram inseridos, para tanto, parte-se de um trabalho dialógico e reflexivo, cujos conteúdos científicos devem estar vinculados à realidade do aluno" (Viecheneski; Lorenzetti; Carletto, 2015, p.8).

O conceito de alfabetização científica está relacionado com a formação cidadã e atuação em sociedade (Sasseron; Carvalho, 2011), ou seja, "tornou-se uma necessidade" (Moda, 2017, p. 34). Segundo Chassot (2010, p. 74), "a cidadania só pode ser exercida plenamente se o cidadão tiver acesso ao conhecimento [...] e aos educadores cabe então fazer esta educação científica".

Para Soares (1998), o termo alfabetização tem sido empregado no sentido de ensinar a ler e a escrever; já o termo letramento refere-se ao "estado ou condição de quem não apenas sabe ler e escrever, mas cultiva e exerce práticas sociais que usam a escrita" (p. 47). Nesse caso o letramento só poderia ocorrer, de forma completa, após a efetivação do processo de alfabetização.

Baseando-se na distinção entre alfabetização e letramento apresentada por Soares, Davel (2017) e Cunha (2017) defendem que o uso de letramento científico é conceitualmente mais apropriado à área de ciência, tecnologia e sociedade, pois associa a alfabetização ao conhecimento da linguagem científica e o letramento ao uso social feito dessa linguagem a partir da leitura de textos sobre ciências e da escrita de notícias científicas.

> Para finalizar, ressalta-se a importância de se pensar no ensino de ciência como uma forma de letramento, destacando a estreita relação entre ciência, discurso científico e linguagem escrita. Pensar na constituição da ciência pela escrita é abrir espaço na escola para um trabalho interdisciplinar envolvendo o Ensino de Ciências associado ao trabalho com a língua materna (Bertoldi, 2020, p.14).

Quando se pensa no Ensino de Ciências na educação básica, o mesmo apresenta como objetivo promover a educação científica e tecnológica dos cidadãos a partir da construção de conhecimentos pelos alunos, além do desenvolvimento de habilidades e valores necessários para tomar decisões responsáveis sobre questões de ciência e tecnologia na sociedade e atuar na solução de tais questões (Santos, 2007).

Posto isto, surge como questão de pesquisa: Qual é o panorama atual no que tange à produção de artigos de revisão sobre o letramento científico no Ensino de Ciências nos últimos seis (6) anos (de 2018 a 2023)?

Acredita-se que, dada a importância do letramento científico no Ensino de Ciências, a produção científica sobre a temática ora tratada deve ser profusa, inclusive nos últimos cinco (5) anos.

Para responder esse questionamento, foi realizada uma Revisão Sistemática de Literatura (RSL) de artigos de revisão brasileiros, no intervalo de cinco anos (de 2018 a 2023), que tratam do letramento científico no Ensino de Ciências.

Destarte, o objetivo dessa pesquisa é verificar e analisar por meio de uma revisão sistemática os artigos de revisão produzidos acerca do letramento científico no Ensino de Ciências de 2018 a 2023.

METODOLOGIA

Para essa pesquisa, foi realizada uma RSL voltada para artigos de revisão sobre o letramento científico no Ensino de Ciências. A RSL é um método que identifica, avalia e interpreta todos os estudos relevantes para uma questão de pesquisa particular em um dado período de tempo, conforme Kitchenham e Charters (2007) e Kitchenham (2004). Esse tipo de revisão é constituído por três fases: planejamento, execução e resultados.

Esse tipo de metodologia assente a repetitividade, condensando indícios existentes sobre um fenômeno ou tecnologia; também revela lacunas em pesquisas atuais a fim de sugerir trabalhos para pesquisas futuras, além de fornecer condições para outras investigações (Kitchenham; Charters, 2007).

Ante ao exposto, o presente trabalho apresenta como objetivo verificar e analisar, por meio de uma revisão sistemática, os artigos de revisão produzidos acerca do letramento científico no Ensino de Ciências de 2018 a 2023. A investigação cogitada dialoga com a literatura especializada ao explorar o perfil de artigos de revisão sobre o tema supracitado, pesquisados na base de dados *Google* Acadêmico. A metodologia apontada segue algumas etapas: a proposição do protocolo que servirá para a realização da revisão, os processos de seleção e exclusão de estudos considerados significantes ou não para o objetivo do estudo, a seleção sistemática de informações de cada trabalho eleito, a análise de alguns elementos de cada pesquisa, bem como uma síntese de seus resultados e considerações finais. A seguir as etapas relatadas são detalhadas em subseções.

Planejamento do Protocolo

Segundo Okoli (2015), a clareza sobre o procedimento escolhido é necessária para toda revisão sistemática. Por isso é essencial definir quais bases de busca foram utilizadas na pesquisa e quais palavras-chave (ou *string* de busca) foram consideradas.

O protocolo desta revisão sistemática, desse modo, conduziu o processo de constituição da *string* de busca, tal como as etapas designadas à coleta, análise e síntese da literatura.

String de busca

Com as bases de busca definidas, também é necessário o planejamento do protocolo, a formulação da *string* de busca usada na pesquisa.

A definição da *string* de busca ocorreu por meio do processo de verificação de palavras-chave relacionadas ao letramento científico no Ensino de Ciências, assim com o uso de "AND" e "OR". Portanto os descritores dispostos na elaboração da *string* de busca aplicada nas etapas de seleção e filtragem da literatura são apresentados no Quadro 1.

Quadro 1 - Apresentação da *string* de busca a partir de uma Tabela de Termos

ID	Termo principal	Termo sinônimo
01	Letramento Científico	LC
02	Ensino de Ciências	Ensino em Ciências

Fonte: Elaborado pelos autores.

A configuração final da *string* de busca adotada nessa revisão sistemática foi: (("LETRAMENTO CIENTÍFICO" OR "LC") AND ("Ensino de Ciências" OR " ENSINO EM CIÊNCIAS ")).

Base para a pesquisa

De acordo com Kitchenham e Charters (2007) e Kitchenham (2004), procurou-se escolher uma base *online* de publicações acadêmicas e científicas que possuísse um bom quantitativo de artigos científicos. Sendo assim, destaca-se que os autores escolheram o *Google* Acadêmico.

O *Google* Acadêmico é uma ferramenta do *Google* que localiza artigos, teses, dissertações e outras publicações acessíveis, organizando e listando textos completos ou metadados da literatura acadêmica. Sua versão beta foi lançada em 2004. Embora o tamanho do banco de dados do *Google* Acadêmico não seja divulgado pela plataforma, estimou-se em 2018 que ele continha 389 milhões de documentos, o que o colocou como o maior mecanismo de pesquisa acadêmica do mundo na época.

Seleção

Nesta etapa se tornam explícitos os critérios que foram determinantes para a inclusão ou a exclusão de um artigo ao longo da investigação, como segue abaixo:

a) De inclusão:

- Ser artigo de revisão;
- Ser publicado entre os anos de 2018 a 2023;
- Estar disponível para leitura na íntegra no *Google* Acadêmico.

b) De exclusão:

- Trabalhos em duplicidade;
- Não fazer menção ao letramento científico e ensino de/em ciências em seu título, resumo ou palavras-chave, sendo necessário que os dois termos sejam mencionados em algum dos itens analisados no mesmo artigo.

Extração

Após a seleção, foi realizada a extração, que constou em retirar sistematicamente informações de cada artigo selecionado para avaliação completa. Importante ressaltar que nessa etapa pode-se identificar se algum ou alguns dos artigos não estava de acordo com o que foi definido na pesquisa. Nessa situação faz-se necessário excluir o mesmo.

Nesta pesquisa, as informações relevantes foram divididas em dois grupos, além dos resultados gerais: o grupo 1 que trata dos dados gerais extraídos de cada trabalho incluindo os títulos, autores, os periódicos, as instituições de ensino superior atuantes na pesquisa sobre letramento científico no Ensino de Ciências, o ano de publicação, assim como as áreas onde há produção científica dos artigos de revisão referentes à temática supracitada; o grupo 2 em que se encontram objetivo, metodologia, principais resultados e considerações finais de cada artigo pesquisado. Tais informações estão sintetizadas nos Quadros 2 e 3, respectivamente.

RESULTADOS

O passo a passo das etapas de seleção está ilustrado na Figura 1, em que os passos 1 a 4 fazem referência ao que está documentado na Subseção 2.1.4.

Figura 1 – Fluxograma sobre o processo de seleção das teses em análise

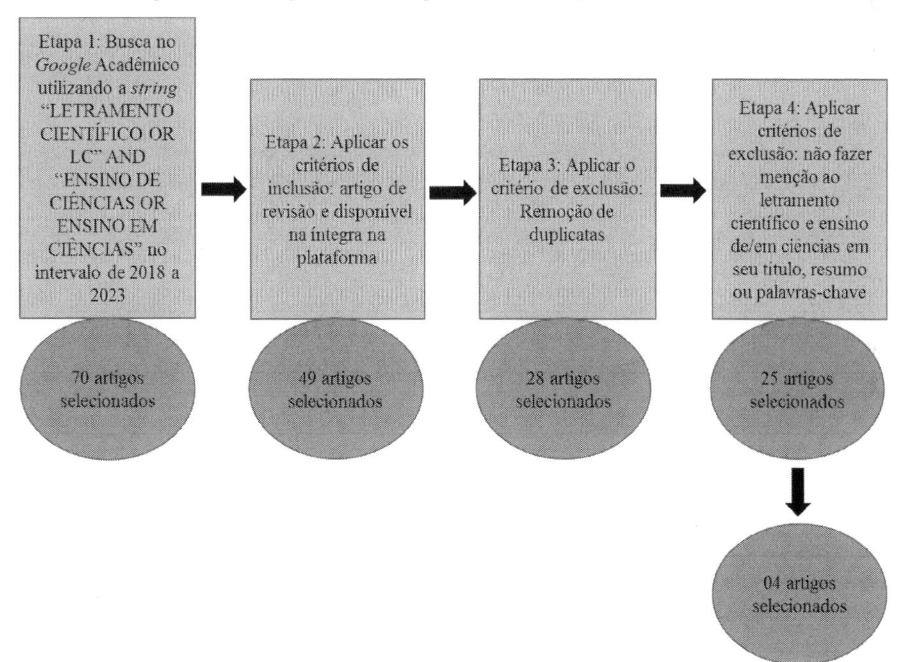

Fonte: Elaborado pelos autores.

Na figura 1, é possível verificar as etapas da seleção que iniciaram com a base *online* Google Acadêmico quando foi realizada a seleção de artigos de revisão com o uso dos descritores "LETRAMENTO CIENTÍFICO OR LC" AND "Ensino de Ciências OR ENSINO EM CIÊNCIAS" e no intervalo de

2018 a 2023, resultando em 70 artigos encontrados. Na segunda etapa, utilizou-se como critério de inclusão os artigos serem de revisão e estarem disponíveis para leitura na íntegra, resultando em 28 artigos selecionados. Na etapa posterior, foi realizada a remoção das duplicatas, o que derivou 25 artigos achados. A última etapa da seleção considerou o critério de exclusão de não fazer menção ao letramento científico e ensino de/em ciências no título, resumo ou palavras-chave dos trabalhos pesquisados e, com sua aplicação, restaram 4 artigos que foram selecionados para leitura integral e posterior avaliação.

A seguir, no Gráfico 1, está representado o quantitativo de artigos distribuídos conforme o ano de publicação.

Gráfico 1 – Quantitativo de artigos analisados por ano de publicação

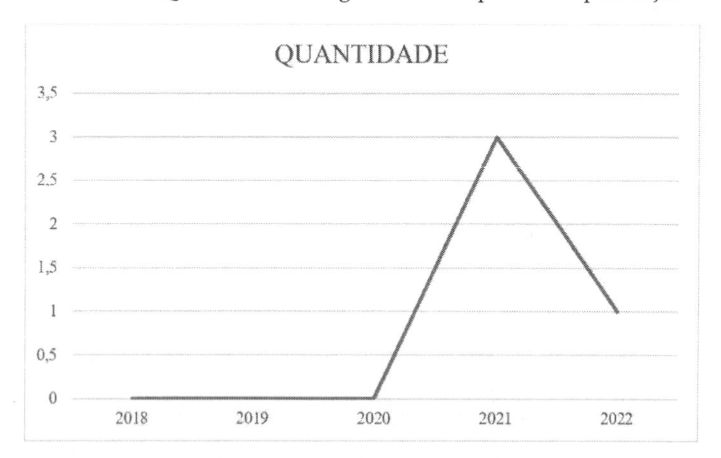

Fonte: Elaborado pelos autores.

Quanto aos anos de publicação dos trabalhos selecionados, pode-se observar três(3) artigos de revisão em 2021 e um(1) em 2022 que estão relacionados com a temática aqui abordada, como demonstrado no gráfico acima. Interessante ressaltar que não houve publicação de artigos de revisão que abordassem o letramento científico no ensino em ciências em 2018, 2019, 2020 e em 2023 até o presente momento (maio/2023); no caso de 2023, pode-se supor que a inexistência de artigos de revisão publicados no referido ano pode relacionar-se à possibilidade de os trabalhos produzidos no período pesquisado ainda não terem sido publicados.

Apresentação de dados do Grupo 1

Outrossim, no Quadro 2, encontram-se os quatro artigos de revisão selecionados e organizados a partir do ano de publicação. O referido quadro permite a visualização do código identificador (ID), do título, dos autores, do periódico/anais, da instituição de ensino superior e do ano de publicação. Posteriormente foi utilizado o código identificador (ID) para indicar os artigos aqui estudados com o intuito de resumir a citação dos mesmos.

Quadro 2 – Relação de artigos selecionados

ID	TÍTULO	AUTORES	PERÍODICOS/ ANAIS	PALAVRAS-CHAVE	ANO
T01	Alfabetização Científica dos Professores de 4º e 5º anos dos Anos Iniciais do Ensino Fundamental: Uma revisão de literatura sobre o uso da internet como fonte de informação para subsidiar as pesquisas científicas no Ensino de Ciências	CONCEIÇÃO, Simone da Silva; LINDNER, Edson Luiz	Research, Society and Development	Concepções de Ciência. Epistemologia. História da Ciência. Educação. Pesquisa em Ensino.	2021
T02	Alfabetização Científica e Letramento Científico: uma revisão de literatura dos Anais do ENPEC de 2011-2019	SOARES, Jorlan Araújo; MAGALHÃES, Arthur Philipe Cândido de; RIZZATTI, Ivanise Maria	XIII Encontro Nacional de Pesquisa em Educação em Ciências – XIII ENPEC ENPEC EM REDES (ANAIS)	Alfabetização científica; Letramento científico; Professores do ensino fundamental; Internet; Pesquisa escolar; Pesquisa bibliográfica; Pesquisa científica	2021

T03	Racismo científico e Ensino de Ciências: uma revisão bibliográfica	LANATTE, Yasmin; SOARES, Samara Kister; MARTINS, Isabel	XIII Encontro Nacional de Pesquisa em Educação em Ciências – XIII ENPEC ENPEC EM REDES (ANAIS)	Alfabetização Científica, Letramento Científico, revisão de literatura	2021
T04	Natureza da ciência (NdC): uma revisão dos artigos sobre o tema na pesquisa em ensino de biologia no Brasil	MATTOS, Mariana Silva de Mello; SILVA, Edson Pereira	ACTIO: Docência em Ciências	Racismo científico; Ensino de Ciências; revisão bibliográfica	2022

Fonte: Elaborado pelos autores.

Dos quatro artigos selecionados, um (T02) aparece com o termo "letramento científico" em seu título, dois (T02 e T03) o possuem em suas palavras-chaves e dois (T01 e T04) o apresentam em seus resumos. Quanto ao termo "Ensino de Ciências", dois artigos (T01 e T03) apresentam em seu título, um (T04) o apresenta em suas palavras-chaves e o outro (T02) o tem em seu resumo. O cruzamento dos dois termos citados não é feito nos títulos dos artigos analisados, nem em suas palavras-chaves, sinalizando que não houve artigos de revisão realmente tratando da relação entre letramento científico e Ensino de Ciências.

Dos artigos aqui estudados, um foi publicado em uma revista de Qualis C (*Research, Society and Development*), um em uma revista de Qualis A3 (*ACTIO*: Docência em Ciências) e os outros dois artigos nos anais de um evento nacional de pesquisa em educação em ciências. Esses dados mostram ainda que há pouca publicação em periódicos no que tange à revisão sobre a temática ora tratada.

No que se refere às regiões do Brasil de onde saíram pesquisas de revisão sobre o letramento científico no Ensino de Ciências entre 2018 e 2023, pode-se observar a representação no Gráfico 2.

Gráfico 2 – Quantitativo de artigos em análise por região

Fonte: Elaborado pelos autores.

Dos quatro (4) artigos analisados, pode-se verificar que dois (2) dos mesmos (T03 de 2021 e T04 de 2022) foram produzidos em universidades presentes na região Sudeste (50%), enquanto um (1) artigo (T01) foi elaborado na região Sul (25%) e um (1) (T02) foi desenvolvido na região Norte (25%). Quanto à localidade das instituições, verificou-se que o estado do Rio de Janeiro apresentou maior número de trabalhos (50%).

Na sequência serão apresentados os resultados do grupo 2 em que se encontram objetivo, metodologia, principais resultados e considerações finais de cada artigo pesquisado. Tais informações estão sintetizadas no Quadro 3.

Apresentação dos dados do Grupo 2

Os dados do grupo 2 estão representados abaixo pelo Quadro 3 em que se encontram objetivo, metodologia, principais resultados e considerações finais de cada artigo analisado.

Quadro 3 – Síntese dos artigos analisados

ID	OBJETIVO	METODOLOGIA	PRINCIPAIS RESULTADOS	CONSIDERAÇÕES FINAIS
T01	Mapear as pesquisas existentes sobre a alfabetização científica dos professores de 4º e 5º anos dos anos iniciais do ensino fundamental, com uso da internet como fonte de informação para subsidiar a pesquisa científica no Ensino de Ciências.	Pesquisa descritiva e qualitativa. Levantamento nos seguintes recursos bibliográficos: artigos, dissertações e teses publicadas entre 2007 a 2019. Uso de cinco base de dados: Portal de Periódicos da CAPES, *Scientific Eletronic Library Online* (SCIELO), Biblioteca Digital de Teses e Dissertações, Plataforma Sucupira e Revistas Classificadas na CAPES-QUALIS na área da Educação.	A partir da análise dos títulos, resumos e o conteúdo dos artigos, temos como resultado algumas aproximações à temática e o objetivo da tese, mas que de fato não atendem às necessidades informacionais para dar as devidas respostas ao problema levantado.	Ficou aparente que os trabalhos recuperados sobre o tema alfabetização científica ou letramento científico foram poucos, considerando as aproximações e análise de conteúdo, dessa forma pode-se esclarecer essa lacuna como problema que se quer trabalhar realmente.
T02	Caracterizar os trabalhos que tiveram estes termos como fundamento teórico ou objeto de investigação visando não apenas identificá-los em termos quantitativos, mas quanto à distribuição de acordo com as regiões e instituições de ensino superior, além das respectivas tendências para a área do Ensino de Ciências.	Foi realizado um levantamento bibliográfico das produções na área de pesquisa em Ensino de Ciências nos Anais eletrônicos do ENPEC, no período de 2011 a 2019 para identificar os trabalhos sobre AC e LC. Uso da abordagem qualitativa. Foram estabelecidos processos de categorização segundo a Análise de Conteúdos Temáticos (BARDIN, 2011), o qual possibilitou identificar convergências, especificidades e tendências.	A partir dos dados encontrados, os trabalhos foram quantificados e organizados de acordo com a abordagem qualitativa, distribuição por regiões e instituições, assim como sua característica.	Os resultados dessa revisão ajudam a compreender a importância dessa discussão para formação dos alunos a respeito das ciências da natureza com olhar da AC e LC.

(continua)

Quadro 3 – Síntese dos artigos analisados (continuação)

T03	Entender como o racismo científico é conceituado e discutido pela comunidade de Ensino de Ciências.	O protocolo para realização dessa revisão de literatura, foi o estabelecido por Ramos *et al.* (2014), o qual constam os seguintes passos: "(i) objetivos (ii) equações de pesquisa pela definição dos operadores booleanos; (iii) âmbito; (iv) critérios de inclusão; (v) critérios exclusão; (vi) critérios de validade metodológica; (vii) resultados; (viii) tratamento de dados". A busca foi realizada nos sites das editoras internacionais *Springer, Taylor & Francis e Wiley*.	Nessa revisão encontramos três categorias principais nos resultados: a primeira se remete a questões como abordagens curriculares do racismo, a segunda categoria identifica relações entre o racismo e temas específicos do ensino de biologia, em particular da genética, natureza da ciência, letramento científico e a terceira engloba relações com hierarquia racial, relações inter-raciais, relações sociais injustas.	A análise dos resumos permitiu traçar um panorama da produção da área. Isto não invalida a necessidade de análises mais aprofundadas, se considerarmos a complexidade das articulações entre questões pedagógicas, curriculares, disciplinares e sociais das relações entre racismo e ciência. Como encaminhamento pretendemos aprofundar essa revisão analisando o texto completo dos artigos.
T04	Realizar uma análise descritiva das publicações em periódicos acerca da natureza da ciência (NdC) com foco nas questões específicas das ciências biológicas.	Neste trabalho, as bases de dados *Scielo* e *Google Scholar* foram usadas para uma revisão da literatura. Apenas os trabalhos publicados em periódicos e referentes a experiências brasileiras ligadas ao ensino de biologia foram considerados. Os dados foram analisados utilizando-se o *software Microsoft Excel* e *Gephi* e todos os textos passaram pela Análise de Conteúdo de Bardin.	Foram obtidos 53 títulos, divididos entre 33 periódicos, 46 instituições de pesquisa de 17 diferentes estados brasileiros e dois grandes grupos de categorias totalizando nove subcategorias. Percebeu-se uma produção com tendência de crescimento e concentrada no eixo sul-sudeste, abordando principalmente as concepções de alunos. O uso da História e Filosofia da Ciência no ensino foi apontado como uma forma eficiente de melhorar as concepções da NdC dos alunos, sendo também recomendado o uso de filmes nas abordagens didáticas.	O espaço para exploração de novas metodologias de pesquisa das concepções de ciência e desenvolvimento de materiais didáticos parece ser um campo fértil para estudos na área de NdC voltados para o ensino de biologia.

Fonte: Elaborado pelos autores.

Como é possível perceber pelo conteúdo exposto no Quadro 3, todas as revisões realizadas e publicadas na base de dados *Google* Acadêmico são de literatura, revisões bibliográficas relacionadas ao letramento científico no Ensino de Ciências, mas não tratam diretamente dessa temática. Quanto aos objetivos, os artigos T01 e T02 buscaram realizar um mapeamento e caracterização de trabalhos relacionados à sua temática; o T03 examina o entendimento sobre o racismo científico discutido pela comunidade do ensino em ciências; e o T04 faz uma análise descritiva com foco nas questões relacionadas às ciências biológicas.

Quanto às bases de dados utilizadas nas pesquisas realizadas: na T01 foram o Portal de Periódicos da CAPES, a *Scientific Eletronic Library Online* (SCIELO), a Biblioteca Digital de Teses e Dissertações, a Plataforma Sucupira e Revistas Classificadas na CAPES-QUALIS na área da Educação; na T02 foram produções na área de pesquisa em Ensino de Ciências nos anais eletrônicos do Encontro Nacional de Pesquisa em Educação em Ciências (ENPEC) no período de 2011 a 2019 para identificar os trabalhos sobre alfabetização científica (AC) e letramento científico (LC); a T03 realizou a busca nos sites das editoras internacionais Springer, Taylor & Francis e Wiley; e a T04, na Scielo e *Google Scholar*. Percebe-se aqui a repetição da Scielo como base de dados utilizada nos artigos T01 e T04, mas, nos outros dois, há outros tipos de bases como anais e editoras específicas.

No que concerne aos resultados dos estudos avaliados, verificou-se que no T01 os objetivos definidos não foram atingidos por completo, entrementes nos demais percebe-se que os dados coletados atenderam ao intuito dos estudos realizados. Quanto às considerações finais, encontrou-se que o T01 traz uma observação importante dizendo que:

> Ficou aparente que os trabalhos recuperados sobre o tema alfabetização científica ou letramento científico foram poucos, considerando as aproximações e análise de conteúdo, dessa forma pode-se esclarecer essa lacuna como problema que se quer trabalhar realmente (Conceição; Linduer, 2021, p.13).

A afirmativa acima citada condiz com os dados coletados nesse estudo em que foram identificados poucos artigos no que se refere às revisões sobre letramento científico no Ensino de Ciências, portanto também se percebe uma lacuna que pode ser trabalhada mais adiante. Ainda no que se refere às considerações finais, no T02 os autores ressaltaram a importância da discussão sobre alfabetização científica e letramento científico para a formação dos alunos a respeito das ciências da natureza. Os T03 e T04 falam sobre a necessidade de maior aprofundamento na revisão realizada e desenvolvimento de metodologias e materiais didáticos, respectivamente.

DISCUSSÃO

Conforme mostrado nos resultados, percebe-se ainda poucos artigos de revisão sobre a temática ora citada, foram selecionados apenas quatro na base de dados *Google* Acadêmico no período de 2018 a 2023. Esses estudos foram publicados mais especificamente entre 2021 e 2022 e concentram-se mais no Rio de Janeiro, na região Sudeste (50%), o que parece mostrar um interesse recente sobre a temática investigada nas revisões selecionadas. Importante ressaltar que, nos artigos encontrados, não houve uma análise direta sobre o letramento científico no Ensino de Ciências, o que indica uma possível lacuna que pode ser abordada em trabalhos posteriores. Assim também como não foi encontrada revisão sistemática de literatura sobre revisões, apenas revisões bibliográficas propriamente, o que também sinaliza caminhos a seguir.

Como citado no artigo T02, os autores ressaltaram a necessidade da discussão sobre alfabetização científica e letramento científico para a formação dos alunos a respeito das ciências da natureza, o que também aqui se concorda dada a necessidade da formação de cidadãos mais conscientes e atuantes em sociedade, corroborando com a visão de Santos (2007, p. 480):

> Nesse contexto, o letramento dos cidadãos vai desde o letramento no sentido do entendimento de princípios básicos de fenômenos do cotidiano até a capacidade de tomada de decisão em questões relativas à ciência e tecnologia em que estejam diretamente envolvidos, sejam decisões pessoais ou de interesse público.

A base de dados mais utilizada nas pesquisas apresentadas foi a Scielo, considerada a principal biblioteca digital da América Latina.

CONSIDERAÇÕES FINAIS

Nesse artigo foi realizada uma RSL sobre artigos de revisão na base de dados *Google* Acadêmico com o objetivo de verificar e analisar os artigos de revisão publicados acerca do letramento científico no Ensino de Ciências de 2018 a 2023.

A partir do estudo feito, chegou-se a um total de quatro (4) artigos de revisão que têm relação com o assunto definido, o que foi considerado baixo dada a importância da temática e ao fato do *Google* Acadêmico ter, em seu registro, produções de todo o país. A região Sudeste foi indicada como a que mais produziu artigos de revisão que incluem a temática investigada, sendo seguida da região Norte e Sul, não sendo encontrados artigos nem na região Centro-oeste, nem na região Nordeste. As revisões relacionadas com o assunto ora apresentado ocorreram em 2021 e 2022, entretanto não foram registradas no ano de 2023 até o presente momento na base de dados escolhida. O cruzamento dos dois termos utilizados na *string* de pesquisa não é feito nos títulos dos artigos analisados, nem em suas palavras-chaves, sinalizando que não houve artigos de revisão realmente tratando da relação entre letramento científico e Ensino de Ciências, o que traz algumas reflexões se há reconhecimento da importância e relação entre esses termos. Também não foram encontradas revisões sistemáticas de literatura.

Uma vez analisados integralmente, os trabalhos discutidos nesta pesquisa indicam a necessidade de mais estudos sobre a temática e aprofundamento nas revisões de literatura, o que corrobora com o que se acredita, portanto são sugeridos mais estudos em outras bases de estudos relacionados a artigos de revisão para se ter uma análise mais completa. A partir desses dados, pode-se confirmar que a questão da pesquisa foi devidamente respondida e os objetivos traçados foram atingidos.

Também se considera que o método RSL aqui desenvolvido é promissor, pois permitiu o levantamento dos dados desejados durante o tempo de intervalo definido e tratamento dos mesmos. Nesse ínterim, sobressaem-se algumas considerações sobre trabalhos futuros provenientes desse estudo, como a inclusão de outras bases de pesquisa, assim como a análise de artigos de revisão e de outros artigos que tratem diretamente o letramento científico no Ensino de Ciências.

REFERÊNCIAS

AUSUBEL, D. P. **A aprendizagem significativa**: a teoria de David Ausubel. São Paulo: Moraes, 1982.

BERTOLDI, A. Alfabetização científica versus letramento científico: um problema de denominação ou de diferença conceitual? **Revista Brasileira de Educação**, v. 25, p. 1-17, 2020.

BRASIL. **Parâmetros Curriculares Nacionais**. Temas Transversais - 3º e 4º ciclos. Brasília: Ministério da Educação e do Desporto, 1998.

CHASSOT, A. Mudanças na escola pátio. **Revista Pedagógica**, Porto Alegre, ano. XIV, p. 10-13, fev./abr. 2010.

CONCEIÇÃO, S. da S.; LINDUER, E. L. Alfabetização Científica dos Professores de 4º e 5º anos dos Anos Iniciais do Ensino Fundamental: Uma revisão de literatura sobre o uso da internet como fonte de informação para subsidiar as pesquisas científicas no Ensino de Ciências. ***Research, Society and Development***, v. 10, n. 9, 2021.

CUNHA, R. B. Alfabetização científica ou letramento científico?: interesses envolvidos nas interpretações da noção de *scientific l*iteracy. **Revista Brasileira de Educação**, Rio de Janeiro, v. 22, n. 68, p. 169-186, mar. 2017.

DAVEL, M. A. N. Alfabetização científica ou letramento científico? Entre elos e duelos na educação científica com enfoque CTS. *In*: **ENCONTRO NACIONAL DE PESQUISA EM EDUCAÇÃO EM CIÊNCIAS**, 11., 2017, Florianópolis. Anais [...]. Florianópolis: Universidade Federal de Santa Catarina, 2017. p. 1-9.

DeBOER, G. E. *Scientific literacy: another look at its historical and contemporary meanings and its relationship to science education reform*. ***Journal of Research in Science Teaching***, v. 37, n. 6, p. 582-601, 2000.

KITCHENHAM, B. *Procedures for performing systematic reviews*. Keele, UK, Keele University, v. 33, n. 2004, p. 1-26, 2004.

KITCHENAN, B. A.; CHARTERS, S. *Guidelines for Performing Systematic Literature Reviews in Software Engineering*. **Technical Report**, EBSE-2007-01, Keele University; 2007.

LORENZETTI, L.; DELIZOICOV, D. Alfabetização científica no contexto das séries iniciais. **Ensaio - Pesquisa em Educação em Ciências**, Belo Horizonte, v. 3, n. 1, jun. 2001.

OKOLI, C. A *Guide to Conduct a Standalone Systematic Literature Review*. ***Communications of the Association for Information Systems***, Atlanta. v. 37, n 43, p.879-910, 2015.

MODA, S. C. **O ensino da ciência e experiência visual do surdo**: o uso da linguagem imagética no processo de aprendizagem de conceitos científicos. 2017. 146f.

SANTOS, W. L. P. dos. Educação científica na perspectiva de letramento como prática social: funções, princípios e desafios. **Revista Brasileira de Educação**, v. 12, n. 36, p. 474-492, set./dez. 2007.

SASSERON, L. H.; CARVALHO, A. M. P. de. Alfabetização científica: uma revisão bibliográfica. **Investigações em Ensino de Ciências**, v.16, n. 1, p. 59-77, 2011.

SOARES, Magda. **Letramento**: um tema em três gêneros. Belo Horizonte: Autêntica, 1998.

TENREIRO-VIEIRA, C.; VIEIRA, R. M. Educação em ciências e em matemática numa perspectiva de literacia: desenvolvimento de materiais didáticos com orientação CTS/pensamento crítico (PC). *In*: SANTOS, W. L. P. dos; AULER, D. (Orgs.). **CTS e educação científica**: desafios, tendências e resultados de pesquisas. Brasília: Editora Universidade de Brasília, 2011.

VIECHENESKI, J. P.; LORENZETTI, L. CARLETTO, M. R. A alfabetização científica nos anos iniciais: uma análise dos trabalhos apresentados nos ENPECs. *In*: **ENCONTRO NACIONAL DE PESQUISA EM EDUCAÇÃO EM CIÊNCIAS**, 10., 2015, Águas de Lindóia. Anais [...]. Águas de Lindóia: Abordagens CTS e Educação em Ciências, 2015, p.1-9.

VYGOTSKY, L. S. **A formação social da mente**. São Paulo: Martins Fontes, 1989.

CAPÍTULO 4

CONTRIBUIÇÕES DA NEUROCIÊNCIA COGNITIVA NA FORMAÇÃO DE PROFESSORES EM ENSINO DE CIÊNCIAS

Cristiana Maria dos Santos Silva
Maria Cleide da Silva Barroso
Mairton Cavalcante Romeu

Resumo

A Neurociência e o ensino são dois campos de pesquisas que estão intimamente relacionados. A neurociência auxilia a entender melhor como o cérebro processa e armazena informações. Isso levou ao desenvolvimento de abordagens de ensino que se baseiam nas capacidades cognitivas. Estudos mostram que a plasticidade cerebral é essencial para a aprendizagem. O presente estudo trata-se de uma investigação apoiada em uma revisão bibliográfica com perspectiva qualitativa e tem por objetivo apresentar e caracterizar as contribuições da Neurociência na formação de professores para o Ensino de Ciências. Este trabalho tomou por base de dados artigos e dissertações publicadas no Portal Periódico da CAPES e Google Acadêmico entre o período de 2019 a 2023. As palavras-chave utilizadas como subsídio à pesquisa foram "Formação de professores de Ciências", "Neurociências" e "Ensino de Ciências". A coleta do material foi realizada, através da leitura dos títulos, resumos, percursos metodológicos, conclusão e ano de publicação classificados nas plataformas digitais. A Neurociência desempenha um papel fundamental no entendimento dos processos de aprendizagem. Ao investigar como o cérebro adquire, armazena e utiliza informações, essa ciência pode fornecer conhecimentos significativos sobre como otimizar a aprendizagem e aprimorar as estratégias educacionais.

Palavras-chave: Neurociências. Formação de professores. Ensino de Ciências. Plasticidade cerebral.

INTRODUÇÃO

A Ciência está avançando prontamente no conhecimento sobre aprendizagem, por meio da Neurociência Cognitiva (FERREIRA, 2014). Portanto, para ensinar e aprender é fundamental dar importância aos mecanismos associados à cognição. Com esse intuito, conta-se com estruturas físicas (cérebro), psicológicas (mente), e cognitivas (cérebro e mente). Posto isso, a importância da neurociência para a educação, em especial a Neurociência Cognitiva (THOMAZ, 2018).

Numa perspectiva teórica, a pesquisa evidencia as contribuições da Neurociência na formação de professores para o Ensino de Ciências. No contexto da aprendizagem, a Neurociência tem contribuído para o desenvolvimento de estratégias e abordagens mais eficazes de ensino.

Estudos apreciaram que a plasticidade cerebral, ou seja, a capacidade do cérebro de mudar e se adaptar são fundamentais para a aprendizagem. Isso significa que o cérebro é maleável e pode formar novas conexões neurais com base nas experiências e no ambiente. Essa descoberta levou a uma ênfase maior na criação de ambientes de aprendizagem estimulantes e desafiadores, que promoviam essa plasticidade e facilitavam a aquisição de novos conhecimentos e habilidades (RICHER, 2018).

Conforme Thomaz (2018, p.47):

> Nosso cérebro está preparado para interagir com o ambiente, reagindo aos estímulos e formando novas sinapses que se traduzem em novos conhecimentos. Desse modo, promover situações que facilitem a aprendizagem, fornecendo estímulos adequados, aliados a propostas de ensino bem planejadas, levando em consideração o modo como o cérebro trabalha, podem facilitar e aumentar a conectividade sináptica, garantindo uma maior efetividade no processo. Pessoas ensinam e aprendem a todo momento, porém, o tanto que se consegue aprender e ensinar depende dos mecanismos subjacentes responsáveis por tais fenômenos.

O cérebro desempenha um papel fundamental na aprendizagem. É o órgão responsável por processar informações, armazenar conhecimento permitindo aprender e a adaptar-se ao ambiente ao nosso redor. Porém, simplesmente conhecer como o cérebro funciona pode não ser suficiente para um aprendizado eficaz. Existem estratégias com engajamento emocional que podem potencializar a aquisição de conhecimento com base no funcionamento do cérebro. A emoção pode exercer um papel importante na aprendizagem. Pois, quando se está emocionalmente envolvido, o cérebro libera neurotransmissores que promovem a consolidação da memória e atenção (CONSENZA; GUERRA, 2011).

Acerca de Neurociência Cognitiva, de acordo com Cosenza e Guerra (2011, p. 143)

> As contribuições das neurociências podem fundamentar práticas pedagógicas que já se realizam com sucesso e sugerir ideias para intervenções, demonstrando que as estratégias pedagógicas que respeitam a forma como o cérebro funciona tendem a ser as mais eficientes.

Nesse contexto, a Neurociência destaca a importância do engajamento emocional na aprendizagem. Estudos consideram que emoções positivas podem melhorar a assimilação de informações e a motivação para aprender. Portanto, abordagens pedagógicas que envolvem aspectos emocionais, como a criação de um ambiente de apoio e a promoção de emoções positivas pode facilitar o processo de ensino e aprendizagem.

REFERENCIAL TEÓRICO

A abordagem teórica desta pesquisa permite uma visão geral das contribuições da Neurociência cognitiva na formação de professores em Ensino de Ciências, evidenciando conceitos, definições e teorias que fundamentam esta investigação, estabelecendo uma base sólida para o desenvolvimento do estudo e demonstrando a relevância do tema para a área de conhecimento.

Conceitos da Neurociência cognitiva em meio à aprendizagem

Quando se trata de aprendizagem, a Neurociência busca compreender como o cérebro adquire, armazena e recupera informações. A pesquisa aponta a importância desse conhecimento, nos aspectos cognitivos na aprendizagem e as contribuições dessa área na educação, compreendendo que o desenvolvimento cognitivo é indispensável no processo de ensino e aprendizagem.

> A década de 1990, foi consagrada a "Década do Cérebro" proposta pelo congresso nos Estados Unidos, devido às grandes evoluções das pesquisas neurocientíficas desencadeando várias descobertas sobre as funções cerebrais, por conseguinte, este desenvolvimento progressivo fez com que os conhecimentos da neurociência alcançassem profissionais da educação (SOUZA; FREITAS, 2020, p. 1).

A neurociência cognitiva é uma área que se concentra na relação entre a mente, o cérebro e o comportamento. Investiga como os processos cognitivos, como a percepção, a memória e o pensamento, estão relacionados com a atividade neural. As neurociências e a educação são áreas autônomas do conhecimento, ainda que possam ter conexões em comum. Os professores atuam como mediadores das mudanças neurobiológicas que caracterizam a aprendizagem (SOUZA; FREITAS, 2020).

Para Souza e Silva (2020, p. 66)

> A Neurociência tem um conceito transdisciplinar, pois concentra distintas áreas de conhecimento do cérebro humano, como Linguística e Medicina. Esta se dedica a investigar a complexa organização cerebral, da relação entre cognição, comportamento e a atividade do Sistema Nervoso Central (SNC), em condições normais e patológicas.

Esse campo de estudo tem nos proporcionado uma compreensão mais profunda do funcionamento do cérebro e dos processos envolvidos na aprendizagem. Isso tem levado ao desenvolvimento de abordagens de ensino mais esclarecidos com a forma como o cérebro processa, armazena e recupera informações.

A aprendizagem ativa contribui para modificar o sistema educacional tradicional, pois envolve a participação dos alunos por meio de discussões, projetos e colaboração. Isso têm se mostrado eficazes para o aprendizado "[...] A aprendizagem ativa envolve métodos em que o educador deixa de ser o centro da aprendizagem e passa a ser o facilitador da aprendizagem (mediador)" (SILVA, 2021, p. 45).

Em concordância com Costa (2023, p. 3),

a Neurociência, campo do conhecimento que sofreu significativos avanços nas últimas décadas, coopera com a prática pedagógica, especialmente no que confere a estratégias que potencializam a aprendizagem e que, por assim ser, precisam ser levadas em consideração na docência".

Assim sendo, esse campo tem despertado um interesse crescente na área da educação, pois oferece conhecimentos sobre como o cérebro aprende e como isso pode ser aplicado na prática pedagógica. Ao compreender melhor como esse órgão funciona, os professores podem adaptar suas estratégias de ensino para maximizar a eficácia da aprendizagem.

A formação de professores no Ensino de Ciências

A importância da formação de professores para o Ensino de Ciências é fundamental para garantir a qualidade da educação científica oferecida aos alunos. A formação adequada dos docentes permite que eles adquiram os conhecimentos teóricos e práticos necessários para ensinar ciências de forma ativa.

É considerável discutir sobre a formação de professores em pleno século XXI, no qual se vivencia métodos tradicionais. Segundo Farias (2020, p. 6) "[...] o Ensino de Ciências precisa abandonar práticas relacionadas à transmissão e memorização de conteúdo, valorizando metodologias que propiciem aos alunos o desenvolvimento do senso crítico e reflexivo". A pesquisa destaca por meio de aportes teóricos a formação de professores como maneira de repensar as práticas no Ensino de Ciências.

> O cenário de uma educação escolar deficitária, na qual persistem práticas transmissoras e reprodutoras de conhecimento, leva alunos e professores à desmotivação e à impossibilidade de pensar e fazer diferente. Em meio a esse contexto, também o Ensino de Ciências é posto em xeque e passa a requerer propostas diferenciadas capazes de reverter tal cenário (MANFREDO, LOBATO, 2020, p. 66).

Perante o exposto, a formação de professores envolve aprender e desenvolver estratégias de ensino laboriosas. Os professores de Ciências devem conhecer bem a área em que atuam. Isso inclui compreender os conceitos científicos fundamentais, os princípios e as teorias, bem como estar atualizado com os avanços científicos e tecnológicos mais recentes. A formação adequada permite que os professores adquiram e atualizem esse conhecimento (SILVA, 2020).

Conseguinte, o documento titulado Base Nacional Comum para a Formação Inicial de Professores da Educação Básica (BNC - FORMAÇÃO), aponta como competências gerais para os docentes, anexo no item 6:

> Valorizar a formação permanente para o exercício profissional, buscar atualização na sua área e afins, apropriar-se de novos conhecimentos e experiências que lhe possibilitem aperfeiçoamento profissional e eficácia e fazer escolhas alinhadas ao exercício da cidadania, ao seu projeto de vida, com liberdade, autonomia, consciência crítica e responsabilidade (BRASIL, 2019, p. 13).

Nessa perspectiva, é importante que os educadores estejam abertos a questionar suas próprias concepções e práticas pedagógicas, buscando integrar os conhecimentos atualizados em sua prática docente. Para Manfredo e Lobato (2020, p.67) "[...] cabe ao professor, que busca consolidar uma nova perspectiva na educação científica dos alunos, favorecer a construção do pensar sobre a curiosidade epistemológica de modo a favorecer atitudes de buscas e iniciativas do aluno em prol da aprendizagem".

Discutido por Shulman (1987), Oliveira e Mozzer (2023) mencionam que o potencial de designação de uma base de conhecimentos para alavancar melhorias nos programas de formação de professores, pode ser descrita a partir dos seguintes elementos:

a) Conhecimento de conteúdo: condiz ao embasamento científico da disciplina.

b) Conhecimento curricular: envolve o conhecimento, compreensão e habilidade dos materiais e programas curriculares que o docente desenvolve em seu trabalho.

c) Conhecimento pedagógico geral: estão relacionados ao planejamento, metodologias, relação entre os sujeitos, currículo e avaliação escolar.

d) Conhecimento sobre os alunos e suas características: pertinentes à percepção sobre os principais motivos que impactam o processo de aprendizagem.

e) Conhecimento de contextos educacionais: circunda o entendimento sobre o funcionamento das instituições escolares e sobre as diferentes comunidades e culturas.

f) Conhecimento de objetivos educacionais: compreende os pressupostos e valores educacionais, assim como dos fundamentos filosóficos e históricos.

g) Conhecimento pedagógico de conteúdo: se caracteriza como um conhecimento próprio do professor.

Como referenciado, as contribuições de cursos de formação para o desenvolvimento dos saberes docente é fundamental para o aperfeiçoamento de habilidades pedagógicas do docente, proporcionando ao estudante uma abordagem mais investigativa que estimule a curiosidade, o pensamento crítico e a construção do conhecimento científico.

METODOLOGIA

Este artigo é oriundo de uma revisão bibliográfica. De acordo com Gil (2002, p. 65), a pesquisa bibliográfica possibilita "[...] ao investigador a cobertura de uma gama de fenômenos muito mais ampla do que aquela que poderia pesquisar diretamente".

As temáticas inseridas no contexto desta pesquisa expõem sobre a importância que os conhecimentos neurocientíficos podem trazer para a prática educacional, permitindo uma compreensão mais aprofundada do funcionamento do cérebro e viabilizando aos professores reflexões, para buscarem alternativas que potencialize a aplicabilidade no processo de ensino e aprendizagem.

Para o levantamento bibliográfico foram selecionados artigos e dissertações publicadas na base de dados do Portal Periódicos da CAPES e Google Acadêmico, utilizando-se palavras-chave como "Formação de professores de Ciências", "Neurociências" e "Ensino de Ciências", que ancoram a pesquisa e que fazem uma investigação crítica à temática entre o período de 2019 a 2023.

O procedimento metodológico seguiu as conjecturas da abordagem qualitativa por meio da coleta de publicações. Os dados foram discutidos a partir dos pressupostos da análise dos temas. "[...] A interpretação dos fenômenos e a atribuição de significados são básicas no processo de pesquisa qualitativa"

(SILVA; MENEZES, 2005, p. 20). Ou seja, esse tipo de pesquisa consente a percepção de vários aspectos da realidade, que permeiam a prática social.

Com base de como o cérebro humano funciona e como os alunos aprendem, as formações de professores podem ser organizadas e planejadas de maneira a incorporar estratégias e abordagens de ensino que se alinham com os princípios neurocientíficos. Isso pode incluir o uso de métodos de ensino mais interativos e práticos, que estimulam a participação ativa dos alunos e promovem a consolidação de conexões sinápticas no cérebro.

RESULTADOS E DISCUSSÕES

Considerando o levantamento da literatura nas bases de dados Periódicos CAPES e Google Acadêmico, foram classificadas 29 publicações, onde foram elencados através da leituras dos títulos, resumos, percursos metodológicos, conclusão e ano de publicação, consistindo em onze (11) dissertações e dezoito (18) artigos. Com base nos critérios de inclusão e exclusão, apenas seis (07) foram incluídos na síntese qualitativa.

Para a triagem dos critérios de inclusão foram considerados os artigos e dissertações dos últimos cinco (05) anos e no idioma português. Posto isto, foi utilizado como filtro de busca apenas as publicações que abordassem perspectivas da Neurociência cognitiva no processo de ensino e aprendizagem, assim como, a Formação de professores no Ensino de Ciências. Deste modo, foram excluídas dos parâmetros de classificação as publicações duplicadas e que não aludiam à temática específica e seus objetivos.

Desse modo, considera-se que esses trabalhos constituem uma amostra considerável de indicativo referente ao tema em abordagem. O Quadro 1, apresenta por ordem decrescente de período dos trabalhos o título do trabalho científico, autor (es/as), tipo de pesquisa (dissertação ou artigo) e ano de publicação.

Quadro 1 - Artigos e dissertações: Neurociências, Formação de professores de Ciências e Ensino de Ciências.

Nº	Título	Título Autor (es/as)	Tipo	Ano da publicação
01	Neurociência e aprendizagem.	Raquel Lima Silva Costa.	Artigo	2023
02	Os saberes docentes na área de Ensino de Ciências: uma revisão sistemática.	Thais Mara Anastácio Oliveira; Nilmara Braga Mozzer.	Artigo	2023
03	Análise da própria prática no Ensino de Ciências por meio de Sequências Investigativas (SIS) envolvendo noções de Física com alunos dos anos iniciais do ensino fundamental.	Elizabeth Cardoso Gerhardt Manfredo; Sílvia Cristina da Costa Lobato.	Artigo	2020
04	A Neurociência como ferramenta no processo ensino aprendizagem.	Laura Aparecida Alves Ferreira de Souza; Sidney Vergilio da Silva.	Artigo	2020
05	A Neurociência no processo de ensino-aprendizagem.	Christiani Coli De Souza; Maria Cecilia Martínez Amaro Freitas.	Artigo	2020
06	A formação de professores de Ciências naturais e as contribuições de um projeto de extensão universitária.	Viviane Abadias de Farias.	Dissertação	2020
07	As metodologias ativas no processo de formação do professor e no ensino-aprendizagem de Ciências.	Micaelle Gomes da Silva.	Dissertação	2020

Fonte: Autores (2023)

No decorrer da pesquisa foram consideradas 29 publicações que representavam uma amostra significativa de evidências relacionadas à filtragem das palavras-chave relacionadas ao assunto em estudo, entre o período de 2019 a 2023. Porém, tendo em vista às 07 produções científicas, que contribuem para uma reflexão específica da temática explorada, as mesmas apresentavam-se apenas nos anos de 2020 e 2023 (Quadro 1), sendo que são 05 artigos (01 trabalho do ano de 2023 e 04 desses de 2020) e 02 dissertações (as 02 do ano de 2020).

O artigo de Costa (2023) intenciona articular a contribuição da Neurociência às práticas pedagógicas. A metodologia utilizada para essa investigação provém de uma revisão de literatura motivada a partir da questão:

como a Neurociência contribui com a aprendizagem em contexto escolar? Os autores estabelecem uma discussão entre plasticidade cerebral e aprendizagem.

De acordo com a autora, a Neurociência contribui positivamente na compreensão de alguns fenômenos cognitivos, nessa perspectiva os docentes tendem a repensar a sua práxis pedagógica, dando um novo significado aos objetivos de aprendizagem, as estratégias didáticas, assim como, os métodos de avaliação (COSTA, 2016).

O trabalho de Oliveira e Mozzer (2023) tem como objetivo principal compreender como os saberes docentes têm sido investigados na área de Ensino de Ciências no Brasil e identificar as principais contribuições e limitações das investigações nesta área. Nessa pesquisa realizou-se uma revisão sistemática da literatura sobre saberes docentes na área de Ensino de Ciências, na qual foram elucidados os caminhos percorridos para a busca, seleção e análise das pesquisas.

Com isso, conclui-se que as limitações sobre os saberes docentes indicam para a necessidade de que um esforço seja realizado no sentido de descrever os saberes docentes como fenômeno social, que se constitui na interação do docente com seus aprendizes e membros da comunidade escolar (OLIVEIRA; MOZZER, 2023).

O estudo de Manfredo e Lobato (2020), objetiva analisar o desenvolvimento de duas Sequências Investigativas (SIs) na construção de conhecimentos físicos de alunos sobre o fenômeno da flutuação de corpos na água, tecendo reflexões sobre essa prática. É uma pesquisa do tipo qualitativa desenvolvida com alunos do 4º ano do Ensino Fundamental. Os estudantes foram estimulados a questionar e apreender a realidade com vistas à construção de seus conhecimentos nas SI.

Como resultado pertinente aos alunos, constatou-se o exercício do pensamento reflexivo e o levantamento e teste de hipóteses na resolução de problemas, com ampliação de conceitos cotidianos sobre o fenômeno da flutuação e desenvolvimento da autonomia relativa ao processo de aprendizagem. No que se refere às reflexões docentes, concerne realçar as aprendizagens aprimoradas por meio de análises, mediações e reflexões sistematizadas no processo investigativo da prática (MANFREDO; LOBATO, 2020).

Souza e Silva (2020) intencionam em sua pesquisa descrever o processo ensino-aprendizagem, identificar o papel que a Neurociência desempenha neste processo e qual a relação entre a Neurociência e a Neuropsicopedagogia na aprendizagem. Como fundamentação teórica utilizou-se o estudo de publicações literárias de autores que entendem a Neuropsicopedagogia. De acordo com os autores, a comunidade científica reconhece a Neurociência e a Neuropsicopedagogia como substancial para a formação do professor, para o conhecimento do processo de ensino e aprendizagem, aplicando-as a todos os educandos.

O artigo de Souza e Freitas (2020) de caráter bibliográfico tem por finalidade conhecer as relações entre o cérebro e a aprendizagem, esses processos proporcionam ao professor condições de propor estratégias pedagógicas com embasamento científico, desta forma, a área educacional pode se beneficiar da Neurociência para melhorar a prática pedagógica do docente no processo de ensino e aprendizagem. Desse modo, caracteriza-se que qualquer aprendizagem depende de respostas e de estímulos que o cérebro recebe, e a Neurociência patenteia estratégias pedagógicas que respeitam a forma como o cérebro funciona (SOUZA; FREITAS, 2020).

A dissertação de Farias (2020) apresenta como propósito analisar como um projeto de extensão pode contribuir na formação inicial dos licenciandos do curso de Ciências Naturais a partir do desenvolvimento de atividades práticas que resultou na elaboração de uma proposição didática. A metodologia aplicada foi à pesquisa colaborativa que supõe um processo de co-construção entre os parceiros envolvidos nas atividades.

A investigação mostra que as discussões e reflexões, sobre o uso pedagógico das atividades práticas no Ensino de Ciências contribuiu de forma significativa para uma melhor percepção dos licenciandos sobre o uso das atividades práticas, alcançando algumas visões superficiais que sinalizam a atividade prática no Ensino de Ciências (FARIAS, 2020).

Silva (2020) tem como intento em sua dissertação investigar se as metodologias ativas estiveram presentes no processo de formação de professores de Ciências (Licenciados em Biologia e Química) e Licenciandos em Ciências Biológicas e a percepção dos mesmos sobre as metodologias ativas na prática docente. O estudo trata-se de uma pesquisa qualitativa de natureza descritiva e do tipo participante.

Os dados foram obtidos por meio de questionários aos sujeitos da pesquisa, coleta de documentos (planos de aulas) e observação participante. Perante o estudo em questão, a investigação aponta que as metodologias ativas ainda não estão completamente presentes na formação inicial de professores de Ciências, fazendo-se necessário acrescer a oferta tanto nas licenciaturas como nas formações continuadas (SILVA, 2020).

A investigação objetiva apresentar e caracterizar as contribuições da Neurociência na formação de professores para o Ensino de Ciências. Como ponderado pelos autores por meio das leituras em seus trabalhos e considerações assinaladas no contexto desta pesquisa, a formação de professores e a Neurociência são dois campos que receberam uma atenção crescente nos últimos anos, especialmente quando se trata de melhorar a qualidade da educação e consequentemente o desempenho dos alunos (CARVALHO, 2011).

No entanto, é importante ressaltar que a aplicação prática da Neurociência na formação de professores ainda está em desenvolvimento e requer mais pesquisas e colaboração entre os campos da educação nessa área.

CONSIDERAÇÕES FINAIS

A Neurociência cognitiva é um campo interdisciplinar que se dedica ao estudo dos processos complexos, como a percepção, a atenção, a memória, o pensamento e a linguagem, a partir de uma perspectiva neurocientífica. Essa área de pesquisa busca compreender como o cérebro processa e organiza informações, e como se relaciona com o comportamento humano.

De acordo com as contribuições que a pesquisa propicia, a formação de professores e a Neurociência têm o potencial de se complementarem e promoverem avanços na prática pedagógica. A inclusão dos conhecimentos neurocientíficos na formação dos docentes pode levar a abordagens de ensino mais efetivos e singularizados, que beneficiam diretamente os alunos.

No entanto, é importante continuar a desenvolver pesquisas e parcerias entre os campos da educação e da Neurociência para aprimorar essa relação e promover um ensino de qualidade baseado em evidências empíricas.

Embora os conhecimentos neurocientíficos sejam relevantes, é fundamental que os professores também possuam uma base ampla e aprofundada de informações que permite uma compreensão abrangente e contextualizada do tema. É importante lembrar que esse campo de estudo deve ser visto como um complemento à formação de docente, fornecendo informações adicionais que podem ajudar a melhorar as práticas de ensino, mas não como uma substituição completa dos métodos de ensino tradicionais.

Em concordância com as investigações realizadas nesta revisão bibliográfica, o interesse pela relação entre Neurociências, formação de professores e Ensino de Ciências se deve ao fato de que nos últimos anos, tem havido um interesse crescente em utilizar os conhecimentos da Neurociência para melhorar os métodos de ensino e aprendizagem. A compreensão do funcionamento do cérebro e dos processos cognitivos tem permitido aos docentes desenvolver metodologias de ensino mais adequadas ao processo de ensino e aprendizagem embasado no conhecimento científico.

REFERÊNCIAS

BRASIL. Ministério da Educação. Base Nacional Comum para a Formação Inicial de Professores da Educação Básica (BNC Formação). Brasília: MEC, 2019.

CARVALHO, F. A. H. Neurociências e educação: uma articulação necessária na formação docente. Trab. Educ. Saúde, Rio de Janeiro, v. 8 n. 3, p. 537-550, nov.2010/fev.2011.

COSENZA, R.; GUERRA, L. Neurociência e educação: como o cérebro aprende. Porto Alegre: Artmed, 2011.

COSTA, R. L. S.Neurociência e aprendizagem. Revista Brasileira de Educação, v. 28, s. n., p, 1-22, 2023.

FARIAS, V. A. A Formação de Professores de Ciências Naturais e as contribuições de um projeto de extensão universitária. Dissertação (Mestrado) - Programa de Pós-Graduação em Ensino de Ciências da Universidade de Brasília, Brasília, 98 f. 2020.

FERREIRA, M. G. R. Neuropsicologia e aprendizagem. Ciências e Cognição, Curitiba, 14 mar. 2014.

GIL, A. C. Como elaborar projetos de pesquisa. São Paulo: Atlas, 2002.

MANFREDO, E. C. G,; LOBATO, S. C. C. Análise da própria prática no Ensino de Ciências por meio de Sequências Investigativas (SI) envolvendo noções de Física com alunos dos anos iniciais do ensino fundamental. Revista Contexto &Educação, 35(110), 66-85, 2020.

OLIVEIRA, T. M. A., MOZZER, N. B. Teaching knowledge in the area of science education: a systematic review. In SciELO Preprints. 2023.

RICHER, L. Aproximações entre Neurociência e Educação: algumas considerações a partir de metanálise qualitativa. Tese (Doutorado) - Programa de Pós-Graduação em Educação em Ciências e Matemática. PUCRS, Rio Grande do Sul, 309 f. 2018.

SHULMAN, Lee. Knowledge and teaching: Foundations of the new reform. Harvard educational review, v. 57, n. 1, p. 1-23, 1987.

SILVA, C. S. S. Uso do Arduino e a gamificação no ensino da Termodinâmica. Dissertação (Mestrado) - Instituto Federal do Ceará, Mestrado em Ensino de Ciências e Matemática, Campus Fortaleza, 226 f. 2021.

SILVA, E. L.; MENEZES, E. M. Metodologia da pesquisa e elaboração de dissertação. 4. ed. rev. atual. Florianópolis, SC: UFSC, 2005.

SILVA, M. G. As metodologias ativas no processo de formação do professor e no ensino-aprendizagem de Ciências. Programa de Pós-Graduação em Ensino das Ciências da Universidade Federal Rural de Pernambuco - UFRPE, Recife, 213 f. 2020.

SOUZA, C. C.; FREITAS, M. C. M. A. A neurociência no processo de ensino-aprendizagem. Faculdade UniEVANGÉLICA, 2020.

SOUZA, L. A. A. F.; SILVA, S. V. A neurociência como ferramenta no processo ensino-aprendizagem. Revista Mythos, v. 12, n. 2, 2020.

THOMAZ, E. M. S. Neurociências e seus vínculos com ensino, aprendizagem e formação docente: percepções de professores e licenciandos da área de Ciências da Natureza. Dissertação (Mestrado) - Programa de Pós-Graduação em Educação Ciências e Matemática, PUCRS. Porto alegre, 124 f. 2018.

CAPÍTULO 5

A LUDICIDADE COMO INSTRUMENTO NO ENSINO DE CIÊNCIAS

Hemetério Segundo Pereira Araújo
Solonildo Almeida Da Silva
Jörn Seemann

Resumo

Este trabalho traz uma reflexão acerca da ludicidade como ferramenta para o Ensino de Ciências que, em termos gerais, por conta de pré-julgamentos e, porque não dizer, de efetivo desconhecimento, relega suas conquistas e contribuições ao campo do esvaziamento. Inicialmente explicitamos alguns estigmas associados à ludicidade, ou às atividades ditas lúdicas, no ambiente acadêmico, onde a escassez do prazer nas práticas educacionais, enrijecem o futuro, condicionando os indivíduos a se assumirem como parte de uma engrenagem que não pode parar. Logo em seguida desvelamos as relações entre a ludicidade e o processo de ensino-aprendizagem, permitindo ao professor uma articulação possível entre o que se tem de fato na sala de aula e o que se pretende construir. Por fim, respondemos as nossas questões de pesquisa, despertando o olhar do leitor para as relações da ludicidade com a área das Ciências, ressignificando o fazer e propiciando a articulação entre realidade e desejo, onde a satisfação em aprender se evidencia como uma importante estratégia de ensino frente às demais. Dessa forma entendemos ser necessário e urgente retomar o interesse dos alunos pelo que é visto em sala de aula, ressignificando os sentidos dos conteúdos pelas relações que estes têm com a vida real, utilizando-se, por exemplo, do que vimos aqui, do lúdico e da ludicidade, como elementos potencializadores do ensino, das Ciências e, mais ainda, do próprio aprendizado.

Palavras-chave: Ludicidade. Instrumento de Ensino. Ensino de Ciências. Reflexão.

INTRODUÇÃO

Tratar de ludicidade, à luz de Nunes (2013), é atrair olhares e pré-julgamentos que estigmatizam o fazer, relegando conquistas e contribuições, advindas de suas aplicações, ao campo do esvaziamento, quase como se, aqueles que nela apostam, merecessem não o mérito, mas o desdém ou a compaixão por aquilo que fazem.

> A evolução da ciência embasa muitos conceitos que durante muito tempo se mantiveram num espaço desvalorizado em detrimento a outros, assim como envolve transformações em paradigmas enraizados pela cultura. A Ludicidade foi um deles [...] (Nunes, 2013, p. 24).

Dessa forma, o estigma associado à ludicidade ou às atividades ditas lúdicas, segundo Nunes (2013), é ainda mais forte quando encontrado no meio científico, no ambiente acadêmico, tendo em vista a conotação nada ou pouco séria com que esse tipo de atividade é percebido por aqueles que fazem ciência.

O termo ludicidade, por remeter ao brincar, ao jogar, ao divertir, a uma cultura lúdica, é comumente associado à infância e, por consequência, no âmbito educacional, ao ensino infantil, como se, à luz de Pinna (2013), em determinado aspecto, este fosse o único espaço capaz de acomodá-lo, encerrando-o na prisão sem muros da ignorância, quase tanto como se não existisse o lúdico ou a ludicidade para além do ser criança, ou ainda, que fossem relegados a disciplinas consideradas não sérias, invisibilizando uma cultura que impacta diretamente a sala de aula.

> O que fica patente é a "invisibilidade" que a cultura lúdica tem em relação à educação escolar, assim como a ausência de formação acadêmica e específica nessa área, o que impacta diretamente na condução do trabalho docente consciente em relação à cultura lúdica (Santos, 2020, p. 137).

Com isso, apoiados em Pinna (2013), percebemos a carência de espaço da ludicidade e do lúdico no ambiente escolar, mesmo naqueles que ainda insistem na manutenção mínima de práticas educativas não convencionais em seu cotidiano, afrontando, por vezes, o próprio sistema ou mesmo à família que, por sua vez, não percebe sua importância para o desenvolvimento do aluno e seus reflexos no futuro.

Considerando o que diz Luz (2021), testemunhamos em nosso sistema educacional que, com o avanço da seriação, dos níveis de ensino, a medida em que a criança passa pelo adolescer e, assim, encaminha-se para o mundo adulto, o ambiente escolar tende a se tornar menos acolhedor e cada vez mais frio, assemelhando-se ao modelo fabril, engendrando, naqueles que o vivenciam, a rotina da fábrica, da linha de produção.

> A escola vem sendo considerada, principalmente a partir do Ensino Fundamental, como uma etapa e/ou como um local de preparação para a vida adulta. A partir disso é possível compreender os motivos da infertilidade do solo da escola para as sementes da ludicidade, uma vez que essa instituição é muitas vezes vista como um ambiente de treinamento para a vida adulta, ou seja, para o trabalho (Luz, 2021, p. 15).

Assim, como modelo social e reflexo da sociedade em que vivemos, o sistema de ensino e a própria escola no Brasil, corroborando com o trabalho de Luz (2021), condicionam, progressivamente, seus partícipes a se enquadrarem em um padrão infértil de vida adulta, onde a escassez do prazer nas práticas educacionais, enrijecem o futuro, condicionando os indivíduos a se assumirem como parte de uma engrenagem que não pode parar, sob nenhuma hipótese, para garantir a manutenção do sistema econômico, do capital, do mundo do trabalho.

A ideia pretendida, ainda que não assumida, conforme Maroneze (2009), é a de fazer crer ou de ratificar que não há prazer no aprender, ou mesmo que não há como aprender brincando, aprender gostando do que se vê ou do que se experimenta, fechando os olhos para o campo fecundo de descobertas que se abre à frente daqueles que se permitem ao novo.

> A aceitação de ludicidade, por parte dos professores, muitas vezes efetiva-se apenas no plano do discurso e da teoria. No momento de colocá-la em prática, aparecem as dificuldades de exercitar a ludicidade no processo de ensino-aprendizagem (Maroneze, 2009, p. 36).

Portanto, à luz de Maroneze (2009), há barreiras que reforçam a ideia de que não há seriedade quando se aprende com prazer, de que o aprender é menos sério quando há satisfação, desconsiderando a perspectiva do comprometimento com o objeto do aprendizado pelo simples fato de estar imerso em um ambiente de satisfação, de ressignificação e assimilação da realidade que nos cerca.

Dessa forma, considerando a área de Ciências, onde a racionalidade e os formalismos são inerentes às disciplinas que a integram (física, química e biologia), conforme o que defende Luz (2021), vemos a importância e, porque não dizer, a urgência em se tratar de estratégias, como a ludicidade, que transcendam o que está posto e permitam outras possibilidades.

> A temática da ludicidade (incluindo aqui as chamadas atividades lúdicas, lúdico, jogos entre outros) não recebeu, até o momento, muitos esforços de pesquisa dentro do campo da Educação em Ciências. [...] A importância da execução de pesquisas que transcendam essa racionalidade inerente às Ciências vem sendo apontada como componente de uma agenda de pesquisa para a área da Educação em Ciências (Luz, 2021, p. 39).

Pesquisar sobre ludicidade – as atividades lúdicas, o lúdico, o jogo e a cultura lúdica de modo geral – alinhando-se ao que trata Luz (2021) em sua pesquisa, é desbravar possibilidades para o futuro, é ousar novos olhares para o Ensino de Ciências, principalmente porque estamos lidando, na escola, com a sociedade do amanhã.

Com isso, surgem algumas questões: Seria a ludicidade uma estratégia possível, frente às demais, para potencializar o Ensino de Ciências? Serviria a ludicidade ou o universo lúdico como instrumento para a criação de um ambiente de maior engajamento para a construção do conhecimento na área das Ciências?

A LUDICIDADE COMO INSTRUMENTO

Assumir uma sala de aula, para Davis, Silva e Espósito (1989), é se predispor, cotidianamente, a enfrentar um universo desconhecido, um universo individual, onde o professor enfrenta a si mesmo, e um universo coletivo, onde todos, professor e alunos, enfrentam a si e aos outros, em meio a expectativas, desejos e sonhos, mas também frustrações, incômodos e limitações.

> A possibilidade do ser humano se construir enquanto sujeito e de se apropriar das conquistas anteriores da espécie humana está, assim, de um lado, condicionada ao desenvolvimento do sistema nervoso e, de outro, à qualidade das trocas que se dão entre os homens, ou seja, à qualidade do processo educativo do qual faz parte. Daí a necessidade de considerar as relações recíprocas que a maturação e o processo educativo, incluindo-se aí o ensino, exercem sobre a construção de conhecimentos e, portanto, sobre a constituição e desenvolvimento dos seres humanos (Davis; Silva; Espósito, 1989, p. 50).

Destarte, à luz de Davis, Silva e Espósito (1989) é na sala de aula que se constrói um ser humano, que estes se tornam sujeitos e se preparam para enfrentar o mundo, e tal construção só é possível graças às interações, às trocas, ao aprendizado experiencial, à vida vivida em coletividade, em um ambiente propício ao aprender e ao ensinar.

A sala de aula não é, nem deveria ser, conforme Zabalza (1998), apenas um depósito de pessoas, um lugar definido para que seres humanos sejam nele encerrados, muito pelo contrário, é, ou deveria ser, um lugar privilegiado, de multiplicidade de encontros, de entendimentos e de enfrentamentos, regido por regras, como qualquer outro ambiente social, e fecundo em significações.

> O ambiente da sala é muito mais do que um lugar para armazenar [...]. Cuidadosamente e organizadamente disposto, acrescenta uma dimensão significativa à experiência educativa [...] facilitando as actividades de aprendizagem, promovendo a própria orientação, apoiando e fortalecendo, o desejo de aprender (Zabalza, 1998, p. 237).

Assim sendo, faz-se necessário que o ambiente de aprendizado seja inspirador, fortaleça a vontade de aprender, ressignifique o cotidiano e a vida para além dos muros da escola, afetando àqueles que estão no convívio da sala de aula, apontando-lhes, segundo Zabalza (1998), o caminho para uma dimensão de aprendizagem significativa, capaz de transformar a realidade de cada indivíduo e da própria sociedade.

A ludicidade, segundo Maroneze (2009), serve ao processo de ensino-aprendizagem como um verdadeiro instrumento a ser utilizado para a concepção de um ambiente educacional privilegiado, que propicie a articulação de interações e discordâncias, integração e conflitos, realidade e desejos, tudo voltado ao desenvolvimento dos indivíduos que a ela se expõem.

> Seria importante por parte dos adultos-pais e dos educadores, uma atitude nova diante das coisas, colocando significado, despertando a curiosidade, a imaginação, a descoberta realizada pelas crianças seria uma forma lúdica e criativa de alavancar mudanças na educação, participando da construção de novos paradigmas (Maroneze, 2009, p. 37).

Dessa forma, para Maroneze (2009), é como instrumento de trabalho que a ludicidade permite ao professor uma articulação possível entre o que se tem de fato na sala de aula e o que se pretende construir, prospectando e/ou atingindo níveis cada vez mais complexos de desenvolvimento de si, enquanto professor, de cada aluno, enquanto indivíduo, e do próprio grupo, enquanto coletividade.

Na escola, em ambientes educacionais, conforme Luz (2021), a ludicidade não está apenas nas brincadeiras, na diversão, no jogo, ainda que estes lhes sirvam de exemplos, mas em todo lugar onde haja, prioritariamente, a intenção de saborear o aprender, de sentir prazer no estudar, satisfação em se apropriar de um determinado conhecimento ou felicidade em desbravar o novo.

> [...] a ludicidade pode estar nas brincadeiras pedagógicas que auxiliam a alfabetização das crianças realizadas pelos/as professores/as da Educação Infantil e dos primeiros anos do Ensino Fundamental. Ela pode existir também nos números artísticos ensaiados e apresentados nas festividades que acontecem ao longo do ano letivo, nas brincadeiras e jogos realizados durante as aulas de Educação Física e de outras disciplinas ou nas dinâmicas propostas por um/uma professor/a. Considerei também que pode haver ludicidade em uma atividade prática realizada dentro ou fora de um laboratório e na maneira não tradicional como um/a docente apresenta um conteúdo aos alunos, por exemplo, em forma de jogo ou de dinâmica (Luz, 2021, p. 16).

Podemos dizer que a ludicidade está presente nas mais variadas atividades, para os mais diversos propósitos, uma vez que, corroborando com Luz (2021), trata-se de uma estratégia que podemos utilizar para a consecução de nossas práticas de ensino, de uma ferramenta que dispomos para afetar nossos alunos e sermos afetados.

Contudo, importa lembrar o que diz Pinna (2013), que a ludicidade não é o brincar pelo brincar, um fazer sem sentido, uma prática descontextualizada ou mesmo uma atividade qualquer, ainda que satisfaçam os alunos, pois, como bem sabemos, não há como educar sem regras, sem intencionalidade de ensinar e aprender.

> Talvez se todas as aulas tivessem um contexto prazeroso que desse conta do conteúdo aliado às formas lúdicas de aprendizagem tivéssemos melhores resultados em todas as áreas. Porque infelizmente a educação nos moldes em que geralmente a utilizamos ainda se assemelha a um molde, onde todos, de alguma forma, deveriam ser inseridos (Pinna, 2013, p. 41).

Assim, a ludicidade, conforme Pinna (2013), independente da disciplina ou mesmo do conteúdo em que seja aplicada, exige determinações individuais e coletivas para a consecução de suas atividades, ainda que em um meio prazeroso, e, para as Ciências, vai além, despertando a consciência pelo aprender, por meio da articulação entre o que podemos ou não fazer, dentro dos objetivos determinados para as mais distintas atividades.

Ao se predispor a uma atividade lúdica, à luz de Nunes (2013), o indivíduo é estimulado a despertar sua criatividade e a dar vazão a sua espontaneidade, uma vez que, por meio da ludicidade, do brincar e do se divertir, extrapola a própria realidade, permitindo-se ir além dos próprios limites no momento da referida atividade, mesmo que de forma inconsciente.

> A ludicidade exige uma predisposição interna, o que não se adquire apenas com a aquisição de conceitos, de conhecimentos, embora estes sejam muito importantes; implica também mudança interna, e não apenas externa, implica não somente uma mudança cognitiva, mas, principalmente, uma mudança afetiva (Nunes, 2013, p. 26).

Destarte, é graças à satisfação experimentada ao transcender nossas limitações, nossa realidade, em momentos mediados pela ludicidade, que, conforme Nunes (2013), refletimos acerca do que está a nossa volta, que nos predispomos a entender a nossa realidade dentro da proposta e dos objetivos assumidos para a atividade vivenciada.

Vale ressaltar ainda que, à luz de Mineiro (2021), mesmo se tratando de uma atividade prazerosa e vivencial, que proporcione satisfação aos indivíduos que dela participem, a ludicidade não deve ser conformada à mera execução técnica de uma referida atividade, não pode ser sufocada pela ideia simplista de ter que aprender algo em um determinado momento, pois perderá seu propósito, suas características,

> [...] tais como: um envolvimento cheio de concentração, um êxtase, um centramento, que aporta uma evasão do tempo e do espaço, um estado transcendental de clareza interior, serenidade, inteireza, completude e que tem razão de ser em si mesmo (Mineiro, 2021, p. 57)

Dessa forma, corroborando com Mineiro (2021), não podemos conceber que uma atividade lúdica perca sua dimensão de prazer, satisfação e realização, pelo simples fato de fitarmos um objetivo, ainda que acadêmico ou mesmo educacional, independentemente de sua importância, pois está nesta dita obrigatoriedade do aprender, o fracasso do aprender brincando, uma vez que se perde a espontaneidade do brincar propriamente dito.

A LUDICIDADE E O ENSINO DE CIÊNCIAS

O Ensino de Ciências, para Carminatti (2018), permite trazer o mundo para a realidade da sala de aula, para o cotidiano dos alunos, contudo, para isso, é preciso superar a dependência de metodologia de cada profissional e outras variáveis.

> No Ensino de Ciências os processos de ensino e aprendizagem ocorrem de diversas maneiras e através de variados métodos, de acordo com as concepções teórico-metodológica-epistemológicas

> do professor, a filosofia da escola, a legislação vigente e o contrato pedagógico entre professores e alunos (Carminatti, 2018, p. 16-17).

Assim, segundo Carminatti (2018), os métodos de Ensino de Ciências são variados e essa diversidade metodológica, relaciona-se com as vivências que tivemos quando ainda estávamos na escola, independente do nível de ensino, das convicções pessoais e profissionais.

Porém, conforme Delizoicov, Angotti e Pernambuco (2007), ainda há uma incompreensão na área de Ciências, quanto à importância das trocas de saberes necessárias ao desenvolvimento do educando frente ao uso irrestrito do livro didático, uma vez que este deveria apenas lhe servir de base.

> [...] a maioria dos professores da área de Ciências Naturais ainda permanece seguindo livros didáticos, "insistindo na memorização de informações isoladas, acreditando na importância dos conteúdos tradicionalmente explorados e na exposição como forma principal de ensino" (Delizoicov; Angotti; Pernambuco, 2007, p. 127).

Com isso, para Delizoicov, Angotti e Pernambuco (2007), a maioria dos professores de Ciências, apropriam-se do livro didático de maneira equivocada, comprometendo ainda mais sua prática em sala de aula, enfatizando a memorização sem contexto, enraizando em seus alunos a perspectiva educacional tradicional.

Para além das relações existentes entre o ensino e a ludicidade, especificamos aqui, nosso olhar, para suas relações com a área de Ciências que, segundo Salles e Kovaliczn (2007), há algum tempo, vem ganhando terreno na sociedade, silenciando pré-julgamentos, derrubando o estigma de atividade não séria, distanciando-se do esvaziamento de sentido e, principalmente, ressignificando o desdém de outrora pelo mérito do fazer.

> [...] tem conquistado espaço em vários setores da sociedade e deixou de ter uma conotação pejorativa, ao assumir uma visão mais científica em todos os setores da sociedade, inclusive no ensino das Ciências Naturais na busca por uma maior autonomia crítico reflexiva (Salles; Kovaliczn, 2007, p. 108).

Destarte, percebemos que, à luz de Salles e Kovaliczn (2007), com o passar do tempo, a ludicidade vem se firmando para o Ensino de Ciências como uma atividade de caráter científico, como um importante instrumento para a consecução das estratégias de sala de aula, pavimentando cotidianamente as veredas do descobrir e alargando as avenidas da afirmação.

Para Maroneze (2009), a ludicidade, a exemplo do brincar e do satisfazer, transcende as formalidades e a rigidez científica, libertando-se do controle e da quantificação, requisitos tão valorizados no meio acadêmico, mas sem perder o papel que lhe cabe, derrubar fronteiras e abrir possibilidades no Ensino de Ciências e, igualmente, nas demais áreas do conhecimento.

> O fato de compreender a ludicidade e o lúdico, que não se resumem a jogos e a brincadeiras, faz com que o trabalho carregue consigo questionamentos, dúvidas, mas também uma dose de ousadia [...] (Maroneze, 2009, p. 40).

Assim sendo, é por meio do uso de estratégias não convencionais, como, neste caso, o lúdico e a ludicidade, que, segundo Maroneze (2009), dinamizamos o trabalho em sala de aula, valoramos o senso estético do aluno, despertamos o campo da sensibilidade e incentivamos a socialização das emoções, tudo para nos libertar da lógica racional, que submete o sentir e o próprio viver a frieza do distanciamento.

Não nos é suficientemente aceitável, concordando com Pinna (2013), concentrar a compreensão do lúdico e da própria ludicidade no Ensino de Ciências ao campo teórico, é preciso querer mais e, para isso, vivenciá-los na prática, no cotidiano da sala de aula, sentindo na pele os resultados de sua aplicação.

> A aproximação de uma prática educativa lúdica se configura como uma necessidade permeada pela crença de que ela é importante para o desenvolvimento de uma aprendizagem significativa (Pinna, 2013, p. 41).

Portanto, o caráter vivencial da ludicidade no ensino das Ciências centra o seu entendimento, à luz de Pinna (2013), no aqui e no agora, no ato propriamente dito, nas experiências de cada um, no próprio acontecer, na presença e no sentir, pois o lúdico se dá em sua efetiva execução, como acontece, por exemplo, em uma performance artística.

Para Nunes (2013), é preciso ousar, é necessário ir além, rememorando métodos que há muito se perderam e redesenhá-los para o enfrentamento do novo contexto em que vivemos, quiçá, objetivando a materialização de novas práticas e a eminente transformação do processo de ensino-aprendizagem das Ciências.

> A manifestação lúdica estimula o viver e dar sentido a este viver, proporciona aos educadores e educandos um desenvolvimento integral baseado nas concepções lúdicas, nas realizações plenas, na busca pelo prazer de constituir-se num espaço permeado de aprendizagens e de saberes. Instiga o ato criador e recriador, estimula a criticidade e a criatividade, aguça a sensibilidade, o espírito de liberdade e a alegria de viver (Nunes, 2013, p. 26).

Da mesma forma, frente às novas práticas que se impõem a nossa frente, concordando com Nunes (2013), é preciso que o aluno se predisponha a se assumir como autor do seu próprio destino, deixando para trás os velhos conceitos de passividade e espera, engendrando um protagonismo necessário que há muito carece o Ensino de Ciências.

Para Luz (2021), refletidos no alunato temos um ponto essencial que precisa ser repensado o quanto antes se pleitearmos um avanço significativo da ludicidade como ferramenta para o ensino das Ciências, a formação dos professores.

> Acredito que, um dos motivos dessa escassez de investigação que contemple essa concepção da ludicidade, seja as marcas da metodologia científica muito presente na formação desses/as pesquisadores/as a partir da formação inicial. Por mais que sejam realizados movimentos de aproximação das Ciências Humanas a partir da formação continuada, marcas da rigidez científica acompanham esses/as pesquisadores/as. Talvez, os princípios amplos e maleáveis inerentes à ludicidade essencial atuem nesses sujeitos, como ameaças aos princípios preconcebidos (Luz, 2021, p. 43).

Podemos dizer, conforme Luz (2021), que a ludicidade serve ao processo de ensino-aprendizagem como um verdadeiro instrumento a ser utilizado para a concepção de um ambiente educacional privilegiado, voltado ao desenvolvimento dos indivíduos que a ela se expõem, mesmo que, de modo geral, este ambiente ainda esteja inundado pela rigidez científica, tornando-se uma potencial ameaça à ressignificação dos processos, como no caso da inclusão da ludicidade como instrumento de ensino na área de Ciências.

O preconceito ou a aversão do lúdico como estratégia no ensino das Ciências precede a formação do professor, que, segundo Carvalho e Gil-Pérez (2011), mesmo engendrado ao longo dos anos na sua formação no ensino superior, já estava impregnado nas experiências escolares, vivenciadas ainda enquanto aluno, quando testemunhava as posturas e estratégias ditas tradicionais de seus professores.

> Convém, por isso, mostrar aos professores – durante sua formação inicial ou permanente – até que ponto e, insistimos, à margem de atitudes de rejeição generalizadas, o que eles denominam pejorativamente "ensino tradicional" neles está profundamente impregnado ao longo dos muitos anos em que, como alunos, acompanharam as atuações de seus professores (Carvalho; Gil-Pérez, 2011, p. 39).

Destarte, para Carvalho e Gil-Pérez (2011), entende-se a dificuldade e a complexidade que é, para professores formados sob as leis do ensino tradicional, incorporando, desde sua tenra idade, métodos, estratégias e posturas desta mesma modalidade de ensino, enquanto alunos da escola regular, atuarem sob uma outra ótica, sob uma perspectiva diferenciada daquela que lhes foi sobejamente validada e difundida como padrão, como, neste caso, o uso da ludicidade como estratégia no Ensino de Ciências.

Contudo, vale ressaltar, segundo Mineiro (2021), que a percepção de professores e alunos, sob o lúdico e a ludicidade no Ensino de Ciências, é positiva e prazerosa, sendo entendida, inclusive, como meio capaz de promover aprendizagem, mas, tanto por não ter sido vivenciada em sua formação, quanto por não ser entendida de forma unânime, sua aceitação e consequente aplicação se torna um grande desafio.

> Inclusive consciente de que um coletivo (uma turma acadêmica, por exemplo) está composto de individualidades que sentem o lúdico de forma diferente, sem que se possa exigir e/ou crer em uma unanimidade lúdica. [...] o professor compreende e aceita que trabalhará pela "*Ludicidade Média*" (Mineiro, 2021, p. 60).

Assim, para Mineiro (2021), naturalmente, enquanto professores, assumimos reservas frente a um novo método ou a uma nova estratégia de trabalho, principalmente diante daquelas que jamais ou pouco vimos em nosso processo de formação, mesmo que, para nossos alunos, entendamos que, o referido novo método ou estratégia, a ludicidade, sirva-nos como potencial ferramenta formativa.

Para Maroneze (2009), é preciso abrir-se ao novo, permitir-se ao desconhecido, ainda mais quando temos à porta um mundo que, dominado pela tecnologia, pela modernidade e por suas infinitas possibilidades, encanta e atrai muito mais do que a escola e seus processos formativos, impondo a todos nós professores, que assumimos ser articuladores do processo de ensino-aprendizagem, o desafio de superar nossa própria formação e a ousadia de validar aspectos jamais ou pouco experimentados ao longo de nossa jornada, como o lúdico e a ludicidade na sala de aula.

> Educar crianças ludicamente é estar auxiliando-as a viver bem o presente e a preparar-se para o futuro. Educar ludicamente adolescentes e adultos significar estar criando condições de restauração do passado, vivendo bem o presente e construindo o futuro (Maroneze, 2009, p. 48).

Com isso, a complexidade de estar à frente de uma sala de aula, de assumir-se responsável por encaminhar processos formativos, de organizar e mediar o campo das relações pessoais, interpessoais e intrapessoais no dia a dia de uma escola regular é, para muitos, à luz de Maroneze (2009), um obstáculo necessário, uma vez que não podemos nos omitir frente ao desafio de ensinar, por isso a necessidade de entendermos e nos familiarizarmos com o máximo de ferramentas possíveis em nossa formação acadêmica que nos serão bastante úteis para a efetivação do nosso trabalho em sala de aula, como a ludicidade.

Assim, segundo Luz (2021), tanto para o Ensino de Ciências, quanto para as demais áreas do conhecimento, a ludicidade se apresenta, já há algum tempo, como uma importante ferramenta que, enquanto professores, podemos nos apropriar em nosso cotidiano, tornando possível vivenciar e, principalmente, investigar com nossos alunos, em ambientes e situações reais, suas potencialidades frente a processos de aprendizagem.

> [...] considero que a ludicidade envolve muitos outros aspectos que podem ser investigados na sua relação com a Educação em Ciências, além da sua instrumentalidade favorecedora da aprendizagem. [...] Assim, reter as investigações da ludicidade nas aulas de Ciências às implicações dela na aprendizagem de conceitos científicos em muito restringe suas potencialidades (Luz, 2021, p. 47).

Dessa forma, para Luz (2021), faz-se necessário, diante do novo, investiga-lo, tentar compreendê-lo, afinal de contas, como seres imersos em um mundo de mudanças constantes, precisamos também tomar partido dessas transformações e ousar superar quem somos e o que fazemos, assumindo para nós e para o nosso trabalho de sala de aula, estratégias que venham a aperfeiçoar nossas práticas e potencializar nossos resultados, como o lúdico e a própria ludicidade utilizados como instrumento para o Ensino de Ciências.

CONSIDERAÇÕES FINAIS

Ao final deste estudo, onde a satisfação em aprender se evidencia como uma importante estratégia de ensino frente às demais e retomando nossas questões iniciais, entendemos que a ludicidade, abre um leque de possibilidades que, dentre outros aspectos, pode contribuir positivamente para a promoção de engajamento e de um ambiente profícuo à aprendizagem das Ciências, assim como para as demais áreas do conhecimento.

Podemos dizer que, parte do que aprendemos emerge das interações proporcionadas pelo ambiente em que estamos inseridos quando nos predispomos a aprender, dessa forma, inserir-se em um universo lúdico, onde prevalecem a criatividade, a espontaneidade e a descontração, é potencializar tais interações e, consequentemente, favorecer o aprendizado.

Sendo o aprender uma ação de construir significações, faz parte do aprender a busca constante pela superação de quem somos e do que sabemos, assim, estar engajado no processo de aprendizagem e criar vínculo com o objeto de estudo é essencial para essa construção cognitiva.

Assim, na compreensão das Ciências, na permanente construção de significados, inúmeras alternativas se apresentam a nossa frente, contudo, é naquelas em que mais nos engajamos e que voltamos a nossa atenção, que nos permitimos trilhar o caminho para o conhecimento, questionando hipóteses, descobrindo novas soluções e, obviamente, construindo o nosso aprendizado.

Com isso, o lúdico e a ludicidade se apresentam há algum tempo como uma ferramenta potente para o ensino de forma geral, mas, na área das Ciências, onde o mundo, a vida e o cotidiano se envolvem naquilo que é visto em sala de aula, encontramos um porto seguro para ancorar nossos desejos de mudança, uma vez que o interesse por tudo aquilo que estar ao nosso redor se vê refletido nos conteúdos apresentados.

Podemos dizer que aquilo que aprendemos e que assumimos como repertório de vida, é fruto das experiências vivenciadas ao longo de nossa jornada existencial, dessa forma, a escola e, mais especificamente, a sala de aula, não pode estar de fora, uma vez que estabelece interações coletivas propositadamente voltadas a refletir sobre a realidade que nos cerca, ainda mais se, tais reflexões, aliadas à ludicidade, permitirem a implementação de estratégias não convencionais, aperfeiçoando o ensino e desbravando novas significações.

Assim sendo, abrir os olhos às novas possibilidades e se permitir ir além do mero repasse de conteúdo, como no uso da ludicidade para o Ensino de Ciências, é fundamental para proporcionar atitudes de mudança, transformando rotinas enfadonhas em oportunidades de aprendizado, pois existe vida para além dos muros da escola.

Portanto, é preciso retomar o espaço da alegria e da satisfação pelo aprender na escola, é urgente retomar o interesse dos alunos pelo que é visto em sala de aula, ressignificando os sentidos dos conteúdos pelas relações que estes têm com a vida real, utilizando-se, por exemplo, do que vimos aqui, do lúdico e da ludicidade, como elementos potencializadores do ensino das Ciências e, mais ainda, do aprendizado.

AGRADECIMENTOS

O presente artigo foi realizado com o apoio do Conselho Nacional de Desenvolvimento Científico e Tecnológico (CNPQ), da Rede Nordeste de Ensino (Renoen – Polo IFCE) e da Secretaria de Educação do Ceará (Seduc/CE).

REFERÊNCIAS

CARMINATTI, Bruna. A relação professor-aluno e sua influência nos processos de ensino e aprendizagem de ciências no ensino médio. Tese (Doutorado em Educação de Ciências). Universidade Federal do Rio Grande do Sul, Porto Alegre, 2018. 170 p. Disponível em: http://hdl.handle.net/10183/188240. Acesso em: 20 ago. 2023.

DELIZOICOV, Demétrio; ANGOTTI, José André; PERNAMBUCO, Marta Maria. Ensino de Ciências – Fundamentos e Metodologias. Cortez: São Paulo, 2007.

CARVALHO, Anna Maria Pessoa de; GIL-PÉREZ, Daniel. Formação de professores de ciências: tendências e inovações. Revisão técnica de Anna Maria Pessoa de Carvalho. 10ª ed. São Paulo: Cortez, 2011. 127 p.

DAVIS, Cláudia; SILVA, Maria Alice Setúbal e; ESPÓSITO, Yara L. Papel e valor das interações sociais em sala de aula. Caderno Pesquisa (71):49-54. São Paulo, 1989. Disponível em: https://publicacoes.fcc.org.br/cp/article/view/1168/1173. Acesso em: 09 jul. 2023.

LUZ, Bárbara Elisa Santos Carvalho. A ludicidade nas aulas de ciências nos anos finais do Ensino Fundamental. Tese (Doutorado em Educação) - Universidade Federal de Minas Gerais, Belo Horizonte, 2021. 167 p. Disponível em: https://repositorio.ufmg. br/bitstream/1843/39504/1/TESE%20BARBARA%20FINALIZADA.pdf. Acesso em: 14 jun. 2023.

MARONEZE, Adriane Maso da Silva. A ludicidade como dimensão humana na formação de professores. Dissertação (Mestrado em Educação) - Universidade do Vale do Rio dos Sinos, São Leopoldo, 2009. 103 p. Disponível em: https://docplayer.com.br/ 10402593-Adriane-maso-da-silva-maroneze-a-ludicidade-como-dimensao-humana-na-formacao-de-professores.html. Acesso em: 28 jun. 2023.

MINEIRO, Márcia. O essencial é invisível aos olhos: a concepção dos estudantes sobre a mediação didática lúdica na educação superior. Tese (Doutorado em Educação) - Universidade Federal da Bahia, Salvador, 2021. 445 p. Disponível em: https://repositorio.ufba.br/handle/ri/33486. Acesso em: 20 jun. 2023.

NUNES, Adriana de Lima. Ludicidade e produção de sentido nas práticas educativas. Dissertação (Mestrado em Educação) - Centro Universitário La Salle, Canoas, 2013. 123 p. Disponível em: https://dspace.unilasalle.edu.br/handle/11690/603. Acesso em: 18 jun. 2023.

PINNA, Lindnoslen Guelnete Costa. Ludicidade dos jogos teatrais no ensino e aprendizagem de ciências. Dissertação (Mestrado em Educação) - Universidade Federal da Bahia, Salvador, 2013. 149 p. Disponível em: https://repositorio.ufba.br/bitstream/ri/ 15296/1/LUDICIDADE%20DOS%20JOGOS%20TEATRAIS%20NO%20ENSINO%20E%20APRENDIZAGEM%20DE%20CI%C3%8ANCIAS.pdf. Acesso em: 05 jul. 2023.

SALLES, Gilsani Dalzoto; KOVALICZN, Rosilda Aparecida. O mundo das ciências no espaço da sala de aula: o ensino como um processo de aproximação. In: NADAL, Beatriz Gomes. (Org). Práticas pedagógicas nos anos iniciais: concepção e ação. Ponta Grossa: Editora UEPG, 2007. p. 91-112. Disponível em: https://www.livrebooks.com.br/livros/praticas-pedagogicas-nos-anos-iniciais-concepcao-e-acao-varios-autores-beatriz-gomes-nadal-_c0qrb7kdbyc/baixar-ebook. Acesso em: 02 jul. 2023.

SANTOS, Amaleide Lima dos. Cante de lá que eu canto de cá: a cultura lúdica na educação de jovens e adultos. Tese (Doutorado em Educação) - Universidade Federal da Bahia, Salvador, 2020. 228 p.

ZABALZA, Miguel A. Qualidade em educação infantil. Artmed. Porto Alegre, 1998. 288 p.

CAPÍTULO 6

A INSERÇÃO DO ENFOQUE CIÊNCIA, TECNOLOGIA E SOCIEDADE (CTS) NO ENSINO MÉDIO BRASILEIRO: UMA ANÁLISE BIBLIOMÉTRICA

Pedro Bruno Silva Lemos
Sandro César Silveira Jucá
Solonildo Almeida da Silva

Resumo

A abordagem Ciência, Tecnologia e Sociedade (CTS) inaugurou um campo de conhecimento heterogêneo, interdisciplinar, consolidado e crítico acerca da concepção tradicional da ciência e da tecnologia como atividades autônomas. Na esfera educacional, o enfoque CTS busca promover a inserção de uma visão de ciência e tecnologia como atividades sociais condicionadas por diversos fatores. Nesse contexto, o presente trabalho objetivou analisar as publicações científicas brasileiras a respeito da inserção do enfoque CTS no Ensino Médio. Em termos metodológicos, realizou-se, mediante uma abordagem prioritariamente quantitativa, uma pesquisa bibliométrica dos artigos científicos indexados na base online de dados científicos *Scientific Electronic Library Online* (SciELO) do Brasil. A partir da análise de doze artigos científicos, observou-se a maior concentração da publicação sobre CTS no Ensino Médio no decorrer dos últimos anos da primeira década e na segunda década do século XXI. Também se inferiu uma maior frequência de artigos com dois ou mais autores, assim como a inexistência de artigos com autoria individual. Ademais, destacou-se que a tese elaborada por Décio Auler, intitulada "Interações entre Ciência-Tecnologia-Sociedade no contexto da formação de professores de ciências" (AULER, 2002), foi um dos trabalhos mais citados, o que demonstrou sua aderência e relevância para as pesquisas a respeito da abordagem CTS no Ensino Médio. Ante o exposto, a presente pesquisa, ainda, frisou a relevância dos trabalhos de Auler (2002, 2007), Auler e Bazzo (2001), Auler e Delizoicov (2001, 2006) e Santos e Mortimer (2002) para as pesquisas brasileiras sobre CTS no contexto educacional.

Palavras-chave: CTS. Ensino Médio. Análise Bibliométrica.

INTRODUÇÃO

A partir da segunda metade do século XX, o constante desenvolvimento científico e tecnológico tornou-se imprescindível para a expansão e a consolidação do atual modelo social e produtivo (CASTELLS, 2005). Nesse sentido, a ciência e a tecnologia são compreendidas e significadas como os principais motores do atual progresso econômico e social (PINHEIRO *et al.*, 2007)

No contexto hodierno, portanto, constata-se que o progresso da ciência e da tecnologia tem uma intrínseca relação com uma gama de interesses econômicos, políticos, militares e sociais. Nessa perspectiva, observa-se a necessidade da sociedade discutir, de maneira crítica e reflexiva, as possíveis implicações e os avanços decorrentes da contínua aplicação do conhecimento científico e tecnológico nas diversas dimensões da vida social.

Os estudos centrados na abordagem Ciência, Tecnologia e Sociedade (CTS) surgem com o intuito de promover a discussão acerca das implicações sociais da ciência e da tecnologia. Ademais, o processo de transposição desse enfoque para o contexto educacional objetivou contribuir para a formação de sujeitos críticos, reflexivos e capazes de compreender a relação entre ciência, tecnologia e sociedade.

A inserção do enfoque CTS na educação propicia que o discente desenvolva uma postura crítica em relação à produção e à difusão do conhecimento científico e tecnológico, bem como aos possíveis impactos socioambientais desse conhecimento. Além disso, o discente poderá entender como a ciência e a tecnologia, enquanto atividades sociais, contribuem para o avanço tecnológico e para a melhoria da vida, porém também podem causar impactos ambientais, sociais, econômicos e culturais negativos à coletividade.

Ante o exposto, o presente trabalho tem como objetivo analisar as publicações científicas brasileiras acerca da inserção do enfoque CTS no Ensino

Médio. Para tanto, realizou-se, mediante uma abordagem prioritariamente quantitativa, uma análise bibliométrica dos artigos científicos indexados na base online de dados *Scientific Electronic Library Online* (SciELO) do Brasil.

A escolha do Ensino Médio como contexto de investigação justifica-se pelo fato de essa etapa da Educação Básica brasileira ser caracterizada pelo contato mais aprofundado dos discentes com as disciplinas relacionadas às Ciências da Natureza, ou seja, Biologia, Física e Química. Todavia, a literatura científica frisa que, no Ensino Médio, os conteúdos curriculares vinculados às Ciências da Natureza acabam tendo um foco de ensino essencialmente propedêutico, o que contribui para a separação entre a reflexão social e humanista e a educação científica e tecnológica (PINHEIRO; SILVEIRA; BAZZO, 2007).

Isto posto, salienta-se que o enfoque CTS pode contribuir para a contextualização social dos conteúdos e, consequentemente, para o desenvolvimento de uma postura reflexiva pelos discentes. O Ensino Médio com enfoque em CTS, desse modo, pode proporcionar que o discente problematize a sua realidade e entenda que o conhecimento científico e tecnológico não é neutro e, muito menos, imune aos condicionamentos socioculturais, ambientais, políticos e econômicos.

METODOLOGIA

A pesquisa bibliométrica é uma técnica de pesquisa caracterizada pelo estudo de publicações que objetiva avaliar, discutir e quantificar a produção acadêmica e/ou científica acerca de uma determinada temática (RIBEIRO *et al.*, 2012). Por conseguinte, o objetivo do presente estudo foi realizar uma análise bibliométrica do perfil e das referências bibliográficas dos artigos científicos a respeito da inserção do enfoque CTS no Ensino Médio brasileiro.

Para a seleção dos artigos analisados, optou-se pela utilização da base online de dados científicos *Scientific Electronic Library Online* (SciELO) do Brasil, uma vez que esta plataforma apresenta um total de trezentos e nove periódicos brasileiros indexados e com publicação ativa, assim como o arquivo de oitenta e três periódicos brasileiros com publicação descontinuada. Ademais, a seleção do SciELO Brasil foi justificada pela sua associação com a base bibliográfica *Web of Science*, o que possibilitou a extração de todos os metadados dos artigos indexados (*SciELO Citation Index*).

A coleta dos artigos na íntegra e dos respectivos metadados foi realizada nos dias 05, 06 e 07 de abril de 2022. Para tanto, utilizou-se os seguintes descritores e operadores booleanos: "CTS" AND "ENSINO MÉDIO", "CTS" AND "ENSINO" AND "MÉDIO", "CIÊNCIA, TECNOLOGIA E SOCIEDADE" AND "ENSINO MÉDIO" e "CIÊNCIA-TECNOLOGIA-SOCIEDADE" AND "ENSINO MÉDIO".

Em relação ao tipo de documento selecionado, buscou-se apenas artigos, porém não foi definido um recorte temporal como critério para exclusão, pois o objetivo do estudo foi apresentar um panorama histórico dos trabalhos sobre a temática. Para a coleta dos trabalhos abranger um número elevado de artigos, centrou-se a realização da busca dos trabalhos no campo "Todos os campos".

Após uma primeira seleção dos artigos, foi realizada a leitura na íntegra dos trabalhos e, em seguida, a definição dos artigos que comporiam o *corpus* textual em apreciação. Cabe mencionar que os registros dos metadados dos artigos selecionados foram salvos em documentos no formato .txt e importados para o software Excel. Por fim, ressalta-se que o processo de leitura e análise do *corpus* textual ocorreu no decorrer dos meses de junho, julho e agosto de 2022.

REFERENCIAL TEÓRICO

Os primeiros estudos em Ciência, Tecnologia e Sociedade (CTS), então denominados estudos sociais da ciência e da tecnologia, surgiram no final da década de 1960 e no início da década de 1970 com o objetivo de refletir sobre os impactos negativos da produção científica e tecnológica (ARAÚJO; SILVA, 2012; PALACIOS; GALBARTE; BAZZO, 2007; SANTOS; MORTIMER, 2001).

A segunda metade do século XX foi um período histórico caracterizado pelo surgimento de inúmeros problemas ambientais em nível global decorrentes do modelo produtivo vigente fundamentado na produção industrial e no consumo predatório dos recursos naturais (PALACIOS; GALBARTE; BAZZO, 2007; SANTOS; MORTIMER, 2000). Além disso, esse período histórico foi marcado pela ocorrência de conflitos bélicos que empregavam, cada vez mais, armas químicas e biológicas de destruição em massa (PALACIOS; GALBARTE; BAZZO, 2007; SANTOS; MORTIMER, 2000).

Diante desse cenário, os estudos com foco em CTS surgem em decorrência da necessidade de um novo modelo de ciência que considerasse os impactos sociais da produção de conhecimento científico e tecnológico e compreendesse a intrínseca inter-relação existente entre ciência e tecnologia, entendidas como atividades essencialmente sociais (PALACIOS; GALBARTE; BAZZO, 2007).

A abordagem com foco em CTS inaugurou um campo de conhecimento heterogêneo, interdisciplinar, consolidado e crítico acerca da concepção tradicional da ciência e da tecnologia como atividades autônomas, isto é, apartadas do contexto e da dinâmica social e regidas por normas, princípios e uma lógica própria (PALACIOS; GALBARTE; BAZZO, 2007). Dessa forma, os estudos em CTS propõem uma compreensão crítica e reflexiva do "binômio" ciência-tecnologia:

> [...] como um processo inerentemente social onde os elementos não-epistêmicos ou técnicos (por exemplo: valores morais, convicções religiosas, interesses profissionais, pressões econômicas etc.) desempenham um papel decisivo na gênese e na consolidação das ideias científicas e dos artefatos tecnológicos (PALACIOS; GALBARTE; BAZZO, 2007, p. 125).

Os estudos e programas CTS têm se desenvolvido em três diferentes campos ou vertentes, a saber: campo da pesquisa, campo da política pública e campo da educação. Nesse sentido, notabiliza-se que os estudos CTS inseridos no campo da pesquisa objetivam promover uma visão "[...] socialmente contextualizada da atividade científica" (PALACIOS; GALBARTE; BAZZO, 2007, p. 127).

No campo das políticas públicas, os estudos e programas CTS defendem uma maior regulação social da produção científica e tecnológica, por meio da implementação de órgãos e mecanismos "[...] democráticos que facilitem a abertura de processos de tomada de decisão em questões concernentes a políticas científico-tecnológicas" (PALACIOS; GALBARTE; BAZZO, 2007, p. 127).

A realização de estudos CTS no campo educacional tem como intuito promover a inserção de uma visão de ciência e tecnologia como atividades sociais condicionadas por diversos fatores ambientais, culturais, políticos e econômicos nos diferentes níveis e modalidades de ensino (PALACIOS; GALBARTE; BAZZO, 2007).

Pinheiro, Silveira e Bazzo (2007) ressaltam que, desde os primeiros estudos, a abordagem como enfoque CTS tem como principal campo de investigação o contexto educacional. Portanto, a abordagem CTS na educação pressupõe a reestruturação dos currículos político-pedagógicos, bem como que o ensino de ciência e tecnologia dialogue com o contexto social vivenciado pelos discentes (PINHEIRO; SILVEIRA; BAZZO, 2007).

Pinheiro, Silveira e Bazzo (2007) argumentam que o processo de inclusão da abordagem CTS nos sistemas educacionais deve, impreterivelmente, ser orientado pelos seguintes objetivos:

> - Questionar as formas herdadas de estudar e atuar sobre a natureza, as quais devem ser constantemente refletidas. Sua legitimação deve ser feita por meio do sistema educativo, pois só assim é possível contextualizar permanentemente os conhecimentos em função das necessidades da sociedade.
>
> - Questionar a distinção convencional entre conhecimento teórico e conhecimento prático - assim como sua distribuição social entre 'os que pensam' e 'os que executam' – que reflete, por sua vez, um sistema educativo dúbio, que diferencia a educação geral da vocacional.
>
> - Combater a segmentação do conhecimento, em todos os níveis de educação.
>
> - Promover uma autêntica democratização do conhecimento científico e tecnológico, de modo que ela não só se difunda, mas que se integre na atividade produtiva das comunidades de maneira crítica (PINHEIRO; SILVEIRA; BAZZO, 2007, p. 74).

Pinheiro, Silveira e Bazzo (2007) aduzem que o enfoque CTS no campo educacional propicia que o aluno desenvolva uma postura crítica perante a realidade social. Dito de outra maneira, os referidos autores entendem que a abordagem CTS pode ocorrer no ambiente educacional, porém é direcionada para o fomento da atuação do discente fora dos muros das escolas (PINHEIRO; SILVEIRA; BAZZO, 2007). Complementarmente, Lima (2017) aponta a importância da abordagem CTS para "[...] a alfabetização crítica que emerge do próprio contexto social do indivíduo que o permeia" (LIMA, 2017, p. 31).

A abordagem com enfoque CTS, destarte, objetiva que o discente possa "[...] tomar uma decisão ou entender um ponto de vista sobre um problema social relacionado de algum modo com a ciência e com a tecnologia" (PALACIOS; GALBARTE; BAZZO, 2007, p. 146). O processo de ensino e de aprendizagem, dessa maneira, deve promover o despertar do pensamento crítico no aluno e ser capaz de possibilitar que os indivíduos possam desenvolver uma postura autônoma e transformadora da realidade (PINHEIRO; SILVEIRA; BAZZO, 2007).

Fica evidente a importância das propostas educativas em CTS buscarem "[...] a resolução de problemas que fazem parte do cotidiano do aluno, ampliando-se esse conhecimento para utilizá-lo nas soluções dos problemas coletivos de sua comunidade e sociedade" (PINHEIRO; SILVEIRA; BAZZO, 2007, p. 77). A partir desse viés, Santos, Amaral e Maciel (2012) recomendam que "[...] os currículos com enfoque CTS devem ser organizados em torno de temas sociais e as estratégias de ensino recomendadas são centradas na participação efetiva dos estudantes" (SANTOS, AMARAL; MACIEL, 2012, p. 229).

Logo, o enfoque CTS exige que docentes e discentes passem "[...] a pesquisar juntos, a construir e/ou produzir o conhecimento científico, que deixa de ser considerado algo sagrado e inviolável" (PINHEIRO; SILVEIRA; BAZZO, 2007, p. 77). Isto é, privilegia-se o processo de produção e reconstrução do conhecimento científico e tecnológico em detrimento da mera reprodução de conhecimento pelo docente e da apreensão passiva de informações e conteúdos pelos discentes (BAZZO, 2007; LIMA, 2017; SANTOS, AMARAL; MACIEL, 2012).

Diante do exposto, é possível inferir que a inserção da abordagem CTS no Ensino Médio contribui para uma maior contextualização dos conteúdos e das disciplinas. Adiciona-se que uma proposta CTS no Ensino Médio possibilita a vinculação dos conhecimentos técnicos e teóricos à realidade do discente e a ressignificação/contextualização sociocultural dos conteúdos abordados em sala de aula. Além disso, é importante mencionar que a abordagem CTS oportuniza a implementação de propostas interdisciplinares que relacionem os conteúdos científicos e tecnológicos à reflexão social, histórica e geográfica.

ANÁLISE E DISCUSSÃO DOS RESULTADOS

A partir das buscas realizadas no SciELO Brasil, foram recuperados dezesseis artigos científicos. Do total de publicações selecionadas, foram excluídos quatro artigos que não abordavam a utilização do enfoque CTS no Ensino Médio brasileiro (ver Quadro 1). Pontua-se que a presente pesquisa bibliométrica foi centrada em doze artigos publicados a partir do ano de 2007, conforme mostra o Quadro 1.

Quadro 1 – Relação dos artigos sobre CTS no Ensino Médio selecionados

Autores	Título	Periódico	Palavras-chave	Ano de publicação
PINHEIRO; SILVEIRA; BAZZO	Ciência, Tecnologia e Sociedade: a relevância do enfoque CTS para o contexto do Ensino Médio	Ciência & Educação (Bauru)	CTS; Ensino Médio; Educação científica e tecnológica	2007
SOUZA, C. L. P. de; GARCIA, R. N.	Uma análise do conteúdo de Botânica sob o enfoque Ciência- Tecnologia-Sociedade (CTS) em livros didáticos de Biologia do Ensino Médio	Ciência & Educação (Bauru)	Livro didático. Ensino da botânica. Ensino médio. Ciência, tecnologia e sociedade. CTS	2019
ZANOTTO, R. L.; SILVEIRA, R. M. C. F.; SAUER, E.	Ensino de conceitos químicos em um enfoque CTS a partir de saberes populares	Ciência & Educação (Bauru)	Ensino de química; Ensino médio; CTS; Saber popular	2016
BITTENCOURT, L. P.; STRUCHINER, M.	A articulação da temática da doação de sangue e o ensino de biologia no Ensino Médio: uma pesquisa baseada em design	Ciência & Educação (Bauru)	Pesquisa baseada em design; Ensino de biologia; Doação de sangue; Ciência, tecnologia e sociedade; CTS	2015
SOUZA, A. J. de; ARAÚJO, M. S. T. de	A produção de raios X contextualizada por meio do enfoque CTS: um caminho para introduzir tópicos de FMC no ensino médio	Educar em Revista	Ensino de Ciências; Física Moderna e Contemporânea; CTS; raios X	2010

GÓES, A. C.de S. *et al.*	A obra Admirável mundo novo no ensino interdisciplinar: fonte de reflexões sobre Ciência, Tecnologia e Sociedade	Ciência & Educação (Bauru)	Ciência; tecnologia e sociedade; Interdisciplinaridade; Educação e literatura; Ficção científica; Cidadania	2018
SPOLIDORO, M. M. F.; CHRISPINO, A.	Contribuição de uma controvérsia sobre transgenia para a formação crítica de alunos do ensino médio	Tecné, Episteme y Didaxis: TED	CTS; piearcts; cytpencri; pensamiento crítico; transgenia	2020
CHIARO, S. de; AQUINO, K. A. da S.	Argumentação na sala de aula e seu potencial metacognitivo como caminho para um enfoque CTS no ensino de química: uma proposta analítica	Educação e Pesquisa	Argumentação; Metacognição; CTS: Ciência, Tecnologia e Sociedade; Ensino de química	2017
SOUZA, B. C. de; VALADARES, J. M.	O Ensino de Ciências a partir da temática Mineração: uma proposta com enfoque CTS e três momentos pedagógicos	Ciência & Educação (Bauru)	Sequência didática; Ensino médio; Ensino de biologia; Ciência; tecnologia e sociedade	2022
CARAMELLO, G. W. *et al.*	Articulação Centro de Pesquisa: Escola Básica: contribuições para a alfabetização científica e tecnológica	Revista Brasileira de Ensino de Física	acelerador de partículas; ensino de física; abordagem temática; CTS	2010
OLIVEIRA, F. F. de; VIANNA, D. M.; GERBASSI, R. S.	Física moderna no ensino médio: o que dizem os professores	Revista Brasileira de Ensino de Física	ensino de física; física moderna	2007
BARBOSA, L. G. D.; LIMA, M. E. C. de C.; MACHADO, A. H.	Controvérsias sobre o aquecimento global: circulação de vozes e de sentidos produzidos em sala de aula	Ensaio Pesquisa em Educação em Ciências (Belo Horizonte)	Problemas sociocientíficos; interações discursivas; educação em ciências	2012

Fonte: Os autores (2022).

Convém sublinhar que a pesquisa bibliométrica dos artigos científicos selecionados foi organizada nos seguintes tópicos: ano de publicação; especificidades da autoria; vinculação acadêmica e profissional dos autores; análise das referências bibliográficas; referências por data de publicação.

Ano de publicação

Ao analisar os dados do Quadro 1, observa-se uma tendência de estabilidade no número anual de publicações sobre propostas didáticas de CTS no Ensino Médio brasileiro. No entanto, há uma leve diminuição a partir de 2012 e a ausência de publicações nos anos de 2008, 2009, 2011, 2013, 2014 e 2021.

É salutar aludir que esses dados se referem apenas às publicações que abordam a inserção do enfoque CTS no Ensino Médio brasileiro. Portanto, eles não podem ser considerados representativos da produção científica brasileira sobre estudos CTS no campo educacional. No entanto, vale destacar que Abreu, Fernandes e Martins (2013) também observaram um aumento significativo nas publicações sobre CTS na primeira década dos anos 2000.

Especificidades da autoria

A quantidade de autores por trabalho publicado indica a existência de redes de pesquisa em uma determinada temática (RIBEIRO et al., 2012). A publicação contínua de artigos em conjunto reflete a análise de uma temática específica por grupos ou núcleos de pesquisa, o que pode aumentar a qualidade das publicações (RIBEIRO et al., 2012).

Ao analisar o corpus textual selecionado, notou-se que os doze artigos científicos têm um total de trinta e cinco autores. Além disso, apenas a pesquisadora Rosemari Monteiro Castilho Foggiatto Silveira contribuiu como autora de dois trabalhos (PINHEIRO; SILVEIRA; BAZZO, 2007; ZANOTTO; SILVEIRA; SAUER, 2016). Portanto, há uma frequência maior de artigos com dois (seis artigos) ou três autores (quatro artigos), e não há artigos com autoria individual.

Inicialmente, pode-se inferir que o aumento de publicações de artigos com dois ou mais autores indica um processo de institucionalização da pesquisa sobre o enfoque CTS no Ensino Médio. Isso sugere a existência de grupos de pesquisa dedicados a essa temática e/ou sua investigação em programas de pós-graduação stricto sensu, como apontado por Araújo (2009).

Vinculação acadêmica e profissional dos autores

A análise da vinculação acadêmica e profissional dos autores, validou a hipótese de o quantitativo de autores dos trabalhos indicar uma possível institucionalização da pesquisa sobre CTS no Ensino Médio, uma vez que trinta e dois autores possuem vínculo acadêmico e/ou profissional com Instituições Federais, Estaduais ou Privadas de Ensino Superior e/ou Tecnológico, conforme o disposto no Gráfico 1. Além do mais se reforça que três autores atuam como docentes no Ensino Médio e/ou no Ensino Fundamental, pois possuem vínculo profissional, respectivamente, como a Secretária Estadual de Educação (SEE) do Paraná, com a Secretária Estadual de Educação (SEE) de São Paulo e com a Secretária Municipal de Educação (SME) de Betim-MG.

É importante mencionar que o exame da vinculação acadêmica e profissional dos autores foi pautado nas informações disponíveis somente nos artigos. Dessa forma, salienta-se que os dados analisados retratam apenas a vinculação no momento da publicação dos artigos em questão.

O maior número de autores vinculados a Universidades Federais e Estaduais pode ser relacionada ao fato das Instituições Públicas de Ensino Superior atuarem, historicamente, com destaque na produção e na publicação científica no Brasil. À vista disso, enfatiza-se um maior quantitativo de autores vinculados acadêmica e/ou profissionalmente a Instituições Públicas de Ensino Superior localizadas na Região Sudeste. Tal achado pode ser relacionado à maior concentração de universidades brasileiras e, consequentemente, de programas de pós-graduação *stricto sensu* nessa região (PAVANELLI; OLIVEIRA, 2017; SOUZA; PEREIRA, 2022).

Em adicional, destaca-se o vínculo de seis autores às seguintes Instituições da Rede Federal de Educação Profissional, Científica e Tecnológica: Centro Federal de Educação Tecnológica Celso Suckow da Fonseca do Rio de Janeiro (CEFET-RJ), Colégio Pedro II e Universidade Tecnológica Federal do Paraná (UTFPR). A Educação Profissional e Tecnológica (EPT) objetiva fornecer uma formação profissional, técnica ou tecnóloga, em conjunto como a formação geral que permita ao sujeito desenvolver uma postura autônoma e crítica perante a realidade (ARAÚJO; SILVA, 2012).

Gráfico 1 - Quantidade de autores de publicações sobre CTS na SciELO de acordo com o vínculo acadêmico e/ou profissional

CEFET/RJ	2
Colégio Pedro II	1
SEE de São Paulo	1
SEE do Paraná	1
SME de Betim-MG	1
UCB	1
UERJ	5
UFMG	4
UFPE	2
UFRJ	5
UFRS	2
UFSC	1
USP	5
UTFPR	3

Fonte: Os autores (2022).

Nesse sentido, os currículos integrados de EPT são fundamentados no tripé trabalho-ciência-cultura, ou seja, "[...] a formação integrada sugere tornar íntegro, inteiro, o ser humano dividido pela divisão social do trabalho entre a ação de executar e a ação de pensar, dirigir ou planejar" (CIAVATTA, 2005, p. 02). Constata-se, portanto, que a abordagem CTS vai ao encontro da proposta de associação entre a EPT e a indissociabilidade do binômio teoria-prática. Dito de outra maneira, Araújo e Santos (2012) argumentam que:

> Tanto os pressupostos de CTS quanto os de T&E, seja na concepção de educação politécnica, integrada ou *omnilateral* ou educação tecnológica, têm se pautado pela indissociabilidade entre conhecimentos teóricos e conhecimentos práticos. A formação científica pressuposta no campo CTS inclui uma visão ampla sobre a ciência, sobre seus fundamentos éticos e sociais, sobre suas finalidades e implicações (ARAÚJO; SILVA, 2012, p. 110).

No que diz respeito à inserção da temática em pesquisas vinculadas à pós-graduação *stricto sensu*, constatou-se uma maior vinculação dos autores a programas da área de Ensino de Ciências e Matemática. No entanto, julga-se necessária a realização de pesquisas posteriores que aprofundem, por exemplo, o cruzamento de dados dos currículos Lattes com a análise bibliométrica das Dissertações e Teses que versam acerca de propostas de CTS direcionadas para o Ensino Médio.

Análise das referências bibliográficas

A análise das referências bibliográficas de publicações científicas contribui para o mapeamento da atividade de pesquisa em uma determinada área (RIBEIRO *et al.*, 2012; FORESTI, 1990). Além do reconhecimento dos autores mais relevantes de uma área ou temática, o estudo das referências bibliográficas proporciona a identificação de importantes parâmetros científicos, por exemplo, a existência de redes de colaboração para o desenvolvimento de pesquisas e o fator de impacto de publicações e/ou periódicos (RIBEIRO *et al.*, 2012).

Ademais, é importante frisar que, ao possibilitar a indicação dos autores mais citados nas publicações, o processo de análise das referências proporciona que os demais pesquisadores possam ter um direcionamento conceitual e teórico para as suas futuras pesquisas (RIBEIRO *et al.*, 2012). Em vista disso, salienta-se que esse tipo de análise bibliométrica pode subsidiar a elaboração de trabalhos posteriores e contribuir para a divulgação do conhecimento científico a respeito de um assunto específico.

Assim sendo, acentua-se que a apreciação das referências dos doze artigos selecionados resultou em um total de trezentos e trinta e três obras citadas. Além disso, enfatiza-se que o artigo com o maior quantitativo de referências apresentou um total de cinquenta e quatro obras e a publicação com menor quantitativo teve um total de dez obras referenciadas.

A elaboração da relação das obras mais referenciadas nos artigos considerou os trabalhos que foram referenciados, no mínimo, duas vezes nos artigos analisados, conforme o disposto no Quadro 2. Para a averiguação das referências, considerou-se os autores, o título, o tipo de publicação, o ano de publicação e quantitativo de referenciações.

Quadro 2 – Obras mais referenciadas nos artigos sobre CTS no Ensino Médio

Autor(es)	Título	Tipo de publicação	Ano de publicação	Quantitativo de referenciações
ANGOTTI, J. A. P.; AUTH, M. A.	Ciência e tecnologia: implicações sociais e o papel da educação	Artigo científico	2001	3
AULER, D.	Articulação entre pressupostos do educador Paulo Freire e do movimento CTS: novos caminhos para a educação em ciências	Artigo científico	2007	2
AULER, D.	Interações entre Ciência-Tecnologia- Sociedade no contexto da formação de professores de ciências	Tese	2002	3
AULER, D.; BAZZO, W. A.	Reflexões para a implementação do movimento CTS no contexto educacional brasileiro	Artigo científico	2001	2
AULER, D.; DELIZOICOV, D.	Alfabetização científico-tecnológica para quê?	Artigo científico	2001	2
AULER, D.; DELIZOICOV, D.	Ciência-tecnologia-sociedade: relações estabelecidas por professores de ciências	Artigo científico	2006	2
AUSUBEL, D.; NOVAK, J.; HANESIAN, H.	Psicologia educacional	Livro	1980	2
BARDIN, L.	Análise de conteúdo	Livro	2011	2
BAZZO, W.	Ciência, Tecnologia e Sociedade: e o contexto da educação tecnológica	Livro	1998	2
FREIRE, P.	Pedagogia do oprimido	Livro	1987/1970	2
MOREIRA, M. A.; MASINI, E. F. S.	Aprendizagem Significativa: A Teoria de David Ausubel	Livro	2010/1982	2
PINHEIRO, N. A. M.; SILVEIRA, R. M. C. F.; BAZZO, W. A.	Ciência, tecnologia e sociedade: a relevância do enfoque CTS para o contexto do ensino médio	Artigo científico	2007	4
SANTOS, W. L. P.	Contextualização no Ensino de Ciências por meio de temas CTS em uma perspectiva crítica	Artigo científico	2007	3

SANTOS, W. L. P.	Educação científica humanística em uma perspectiva freireana: resgatando a função do ensino de CTS	Artigo científico	2008	3
SANTOS, W. L. P.; MORTIMER, E. F.	Abordagem de aspectos sociocientíficos em aulas de ciências: possibilidades e limitações	Artigo científico	2009	2
SANTOS, W. L. P.; MORTIMER, E. F.	Tomada de decisão para ação social responsável no Ensino de Ciências	Artigo científico	2001	2
SANTOS, W. L. P.; MORTIMER, E. F.	Uma análise de pressupostos teóricos da abordagem C-T-S (ciência-tecnologia-sociedade) no contexto da educação brasileira	Artigo científico	2002	2
TERRAZAN, E. A.	A inserção da Física Moderna e Contemporânea no ensino de Física na escola de 2º grau	Artigo científico	1992	2

Fonte: Os autores (2022).

No que diz respeito à autoria, verifica-se que o pesquisador Décio Auler colaborou com a autoria de quatro artigos científicos e uma tese (AULER, 2002; AULER, 2007; AULER; BAZZO, 2001; AULER; DELIZOICOV, 2001; AULER; DELIZOICOV, 2006). A tese elaborada por Décio Auler, intitulada "Interações entre Ciência-Tecnologia-Sociedade no contexto da formação de professores de ciências" (AULER, 2002), foi citada por três artigos científicos, indicando sua aderência e sua relevância para as pesquisas a respeito da abordagem CTS no Ensino Médio. Ao analisar o seu perfil no Google Acadêmico, constata-se que Auler (2002) foi citada por um total de trezentos e dezenove trabalhos, o que reafirma a sua relevância e seu impacto para pesquisas acerca da abordagem CTS no contexto educacional.

Ademais, constata-se que o pesquisador Wildson Luiz Pereira dos Santos contribuiu com a autoria de cinco artigos científicos presentes na lista das obras mais referenciadas pelos artigos sobre CTS no Ensino Médio (SANTOS, 2007; SANTOS, 2008; SANTOS; MORTIMER, 2009; SANTOS; MORTIMER, 2001; SANTOS; MORTIMER, 2002). Em adicional, destaca-se a relevância da rede de colaboração/parceria entre os pesquisadores Wildson Luiz Pereira dos Santos e Eduardo Fleury Mortimer para a publicação de artigos científicos sobre CTS no contexto educacional (SANTOS; MORTIMER, 2009; SANTOS; MORTIMER, 2001; SANTOS; MORTIMER, 2002).

A análise dos perfis dos pesquisadores Wildson Luiz Pereira dos Santos e Eduardo Fleury Mortimer atesta a relevância de suas publicações para as pesquisas sobre a temática abordada neste trabalho. Nesse viés, salienta-se que Santos e Mortimer (2002) foram referenciados por um total de mil duzentos e quarenta e cinco trabalhos, assim como Santos e Mortimer (2001) e Santos e Mortimer (2009) foram referenciados, respectivamente, por quinhentos e quarenta e seis e duzentos e quatorze trabalhos.

A relevância do trabalho de Santos e Mortimer (2002) para as pesquisas brasileiras sobre CTS foi observada na revisão da literatura realizada por Chrispino *et al.* (2013). Os mencionados autores pontuam que os trabalhos de Auler (2002, 2007), Auler e Bazzo (2001), Auler e Delizoicov (2001, 2006) e Santos e Mortimer (2002) estão dentre as leituras obrigatórias para a compreensão da produção brasileira sobre CTS no contexto educacional (CHRISPINO *et al.*, 2013).

O Quadro 2, ainda, possibilita a identificação da importância dos seguintes livros para os artigos analisados: Psicologia educacional (AUSUBEL; NOVAK; HANESIAN, 1980), Análise de conteúdo (BARDIN, 2011), Ciência, Tecnologia e Sociedade: e o contexto da educação tecnológica (BAZZO, 1998), Pedagogia do oprimido (FREIRE, 1970), Aprendizagem Significativa: A Teoria de David Ausubel (MOREIRA; MASINI, 2010). Isto posto, aponta-se que Ausubel, Novak Hanesian (1980), Moreira e Masini (2010) e Freire (1970) foram utilizados como referenciais para a fundamentação pedagógica e conceitual dos artigos selecionados, Bardin (2011) foi referenciada na análise qualitativa dos dados coletados e Bazzo (1998) na fundamentação das reflexões a respeito da inter-relação entre o conhecimento científico e tecnológico e os aspectos sociais, principalmente, no que tange ao ensino de engenharias.

Em relação ao quantitativo de referenciações, constata-se que o artigo científico "Ciência, tecnologia e sociedade: a relevância do enfoque CTS para o contexto do ensino médio" (PINHEIRO; SILVEIRA; BAZZO, 2007) foi a obra mais referenciada, sendo citado nas referências de quatro artigos diferentes. A pertinência do artigo científico de Pinheiro, Silveira e Bazzo (2007) é justificada pelo fato dos autores sublinharem a relevância do enfoque CTS para o desenvolvimento de uma postura reflexiva e crítica acerca da intrínseca relação entre as dimensões científica, tecnológica e social. A partir do disposto na Lei de Diretrizes e Bases da Educação Nacional e nos Parâmetros Curriculares Nacionais do Ensino Médio, os autores apontam as contribuições do movimento CTS para a contextualização social dos conteúdos científicos e tecnológicos, bem como para as possíveis aproximações dos estudantes do Ensino Médio com as reflexões acerca das interações e das implicações sociais da ciência e da tecnologia (PINHEIRO; SILVEIRA; BAZZO, 2007).

Referências por data de publicação

A análise das obras referenciadas nos doze artigos científicos analisados permitiu identificar um panorama das publicações que discutem direta ou indiretamente o enfoque CTS na educação, especialmente no Ensino Médio (ver Quadro 2). Ressalta-se que os dados apresentados neste trabalho se restringem aos artigos analisados, o que limita generalizações. Portanto, uma compreensão mais abrangente das publicações brasileiras sobre CTS requer uma amostra mais ampla que não se restrinja ao contexto do Ensino Médio.

Os primeiros estudos em CTS remontam ao final da década de 1960 e ao início da década de 1970. Observa-se que as referências publicadas até 1983 não abordam diretamente o enfoque CTS. Por exemplo, obras como "Educação como prática de liberdade" (FREIRE, 1967) e "Psicologia educacional" (AUSUBEL; NOVAK; HANESIAN, 1980) não discutem a abordagem CTS, mas fornecem subsídios pedagógicos e conceituais para propostas e pesquisas nessa temática (Gráfico 2).

A partir de 1984, nota-se um crescimento significativo de referências que abordam os aspectos sociais da ciência e, posteriormente, a publicação de trabalhos específicos sobre o enfoque CTS. No conjunto de referências analisadas, o artigo "Ensinando ciências para assumir responsabilidades sociais" (KRASILCHIK, 1985), publicado na Revista de Ensino de Ciências, foi o primeiro trabalho referenciado a abordar a dimensão social do Ensino de Ciências (Gráfico 2). É importante destacar que a segunda metade da década de 1990 testemunhou um aumento na publicação de trabalhos sobre CTS.

Por meio de pesquisa bibliográfica, Chrispino et al. (2013) também identificaram um aumento significativo nas publicações brasileiras sobre a abordagem CTS a partir da década de 1990. Eles observaram que a maioria desses trabalhos se origina na área de Ensino de Ciências e tecnologias (CHRISPINO et al., 2013).

Gráfico 2 - Quantidade de referências dos artigos sobre CTS no Ensino Médio por ano de publicação

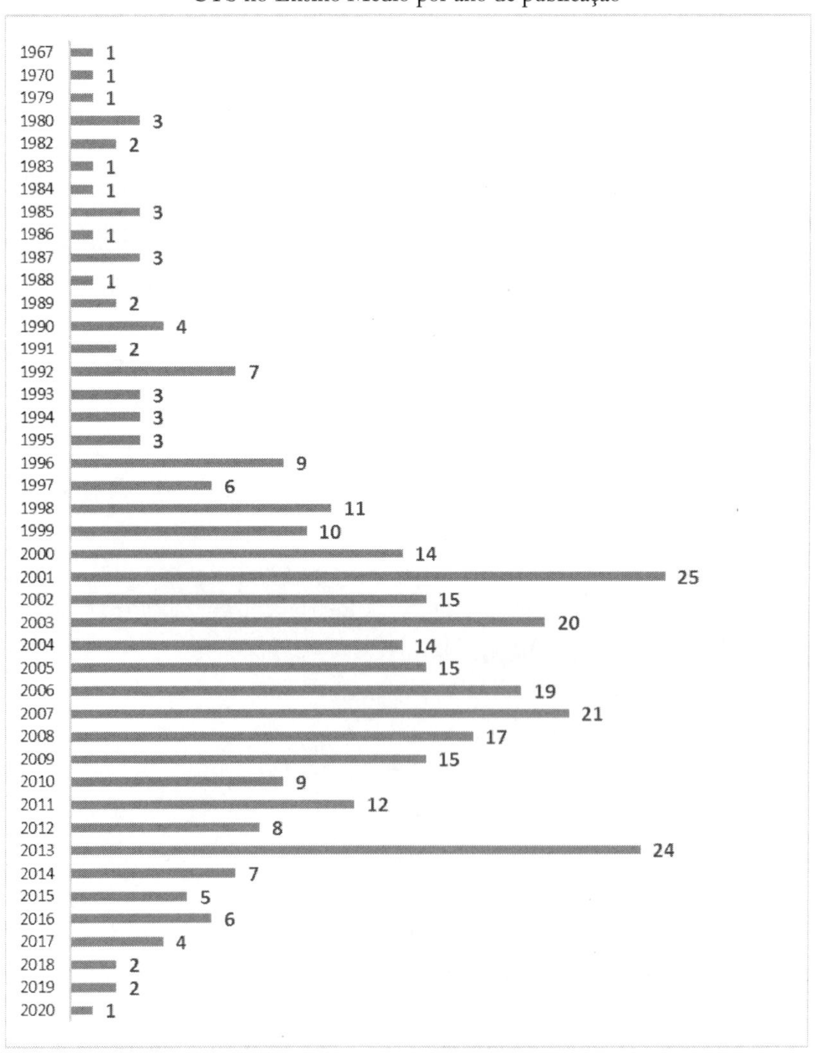

Fonte: Os autores (2022).

O Gráfico 2 mostra que a maioria das referências analisadas foi publicada entre 1998 e 2013, com picos notáveis em 2001 e 2013. Essa tendência pode ser atribuída à consolidação da pesquisa brasileira em CTS nas duas primeiras décadas do século XXI, bem como à crescente incorporação dessa temática em pesquisas ligadas a programas de pós-graduação stricto sensu na área de Ensino de Ciências e tecnologias e/ou grupos de pesquisa (ARAÚJO, 2009; MELO et al., 2016; TOLEDO, 2016).

CONSIDERAÇÕES

O presente trabalho discorreu sobre o perfil dos artigos científicos disponíveis no SciELO Brasil que abordavam a inserção da abordagem CTS no Ensino Médio. Desse modo, realizou-se uma pesquisa bibliométrica em uma amostra composta por doze artigos. O estudo bibliométrico foi centrado nos seguintes aspectos: ano de publicação; especificidades da autoria; vinculação acadêmica e profissional dos autores; análise das referências bibliográficas; referências por data de publicação.

Apesar de a análise bibliométrica proposta ter sido realizada em uma amostra que retrata somente as publicações voltadas para o contexto do Ensino Médio, compreende-se que esse trabalho permitiu a identificação de importantes contribuições para a discussão da produção científica brasileira sobre propostas educacionais fundamentadas no enfoque CTS.

Em um primeiro momento, constatou-se uma maior concentração da publicação sobre CTS no Ensino Médio no decorrer dos últimos anos da primeira década e na segunda década do século XXI. Além disso, observou-se uma maior frequência de artigos com dois ou mais autores e a inexistência de artigos com autoria individual.

Cabe mencionar que a posterior apreciação da vinculação acadêmica e profissional dos autores indicou a possibilidade de o quantitativo de autores dos trabalhos estar relacionado à paulatina institucionalização da pesquisa sobre CTS no Ensino Médio, uma vez que trinta e dois autores possuíam vínculo acadêmico e/ou profissional com Instituições Federais, Estaduais ou Privadas de Ensino Superior ou Instituições de Educação Profissional e Tecnológica.

A presente pesquisa indicou uma tendência à inserção da temática analisada em pesquisas vinculadas à pós-graduação *stricto sensu*, pois se constatou uma maior participação dos autores em programas da área de Ensino de Ciências e Matemática, tendência acentuada em pesquisa realizada por Chrispino *et al.* (2013). Todavia, salienta-se que esse achado não retrata um processo contínuo de institucionalização da pesquisa sobre a inserção do enfoque CTS no Ensino Médio na pós-graduação brasileira, uma vez que se julga necessária a realização de pesquisas posteriores direcionadas para o exame de dissertações e teses que tratem da supramencionada temática.

Em adicional, enfatiza-se que a análise das referências dos doze artigos selecionados possibilitou a identificação de um total de trezentas e trinta e três obras citadas. Por conseguinte, constatou-se que Décio Auler e Wildson Luiz Pereira dos Santos foram os pesquisadores brasileiros que contribuíram como autores do maior quantitativo de obras citadas pelos artigos selecionados.

Ademais, destacou-se que a tese elaborada por Décio Auler, intitulada "Interações entre Ciência-Tecnologia-Sociedade no contexto da formação de professores de ciências" (AULER, 2002), foi uma das mais citadas, demonstrando maior aderência e relevância para as pesquisas sobre a abordagem CTS no Ensino Médio.

Ante o exposto, a presente pesquisa destacou a relevância dos trabalhos de Auler (2002, 2007), Auler e Bazzo (2001), Auler e Delizoicov (2001, 2006) e Santos e Mortimer (2002) para as pesquisas brasileiras sobre CTS no contexto educacional, constatação reforçada pela literatura especializada (CHRISPINO *et al.*, 2013).

Além do reconhecimento dos trabalhos mais relevantes que abordam diretamente a inserção do enfoque CTS no contexto educacional, essa pesquisa pontuou a importância dos trabalhos de Ausubel, Novak e Hanesian (1980), Moreira e Masini (2010), Freire (1970) e Bardin (2011) para o desenvolvimento das propostas abordadas nos artigos selecionados. Ainda, verificou-se as contribuições de Bazzo (1998) para a fundamentação das reflexões sobre a inter-relação entre o conhecimento científico e tecnológico e os aspectos sociais.

Concluiu-se, portanto, que esse trabalho possibilitou uma análise ampla das publicações brasileiras que abordam a inserção do enfoque CTS no Ensino Médio e contribuiu para as posteriores pesquisas que tratam dessa temática. Convém sublinhar que essa pesquisa bibliométrica pode contribuir para estudos futuros sobre o histórico de publicações e o referencial teórico e conceitual que fundamenta a pesquisa brasileira na área.

No entanto, é importante frisar que as limitações deste estudo estão relacionadas à definição de uma amostra restrita às publicações disponibilizadas no SciELO Brasil. Portanto, indica-se que os estudos posteriores centrem-se na investigação das publicações disponíveis em outras bases online de publicações científicas e na inserção da referida temática em teses e dissertações.

REFERÊNCIAS

ABREU, Téo Bueno. de; FERNANDES, João Paulo; MARTINS, Isabel. Levantamento sobre a produção CTS no Brasil no período de 1980-2008 no campo de Ensino de Ciências. **Alexandria: Revista de Educação em Ciência e Tecnologia**, v. 6, n. 2, p. 3-32, 2013.

ANGOTTI, José André Peres; AUTH, Milton Antonio. Ciência e tecnologia: implicações sociais e o papel da educação. **Ciência e Educação**, São Paulo, v. 7, n. 1, p. 15-27, 2001.

ARAÚJO, Abelardo Bento; SILVA, Maria Aparecida da. Ciência, tecnologia e sociedade; trabalho e educação: possibilidades de integração no currículo da educação profissional tecnológica. **Ensaio Pesquisa em Educação em Ciências**, v. 14, n. 1, p. 99-112, 2012.

ARAÚJO, Ronaldo Ferreira. Os grupos de pesquisa em ciência, tecnologia e sociedade no Brasil. **Revista Brasileira de Ciência, Tecnologia e Sociedade**, v. 1, n. 1, 2009.

AULER, Décio. Articulação entre pressupostos do educador Paulo Freire e do movimento CTS: novos caminhos para a educação em ciências. **Contexto & Educação**, Ijuí, v. 22, n. 77, p. 167- 188, 2007.

AULER, Décio. **Interações entre Ciência-Tecnologia-Sociedade no contexto da formação de professores de ciências**. 257 f. (Tese de Doutorado em Educação) - Centro de Ciências da Educação. Programa de Pós-Graduação em Educação, Universidade Federal de Santa Catarina, Florianópolis, 2002.

AULER, Décio.; BAZZO, Walter Antonio. Reflexões para a implementação do movimento CTS no contexto educacional brasileiro. **Ciência & Educação**, Bauru, v. 7, n. 1, p. 1-13, 2001.

AULER, Décio; DELIZOICOV, Demétrio. Alfabetização científico-tecnológica para quê? **Ensaio: pesquisa em educação em ciências**, Belo Horizonte, v. 3, n. 1, p. 105-115, 2001.

AULER, Décio.; DELIZOICOV, Demétrio. Ciência-tecnologia-sociedade: relações estabelecidas por professores de ciências. **Revista Electrónica de Enseñanza de las Ciencias**, Vigo, v. 5, n. 2, p. 337-355, 2006.

AULER, Décio.; BAZZO, Walter Antonio. Reflexões para a implementação do movimento CTS no contexto educacional brasileiro. **Ciência & Educação (Bauru)**, v. 7, n. 1, p. 1-13, 2001.

AUSUBEL, David Paul; NOVAK, Joseph Donald; HANESIAN, Helen. **Psicologia educacional**. Rio de Janeiro: Editora Interamericana, 1980.

BARBOSA, Luís Gustavo D'Carlos; LIMA, Maria Emília Caixeta de Castro; MACHADO, Andrea Horta. Controvérsias sobre o aquecimento global: circulação de vozes e de sentidos produzidos em sala de aula. **Ensaio Pesquisa em Educação em Ciências (Belo Horizonte)**, v. 14, p. 113-130, 2012.

BARDIN, Laurence. **Análise de conteúdo**. São Paulo: Edições 70, 2011.

BAZZO, Walter Antonio. **Ciência, Tecnologia e Sociedade: e o contexto da educação tecnológica**. Florianópolis: Ed. da UFSC, 1998.

BAZZO, Walter Antonio. Quase três décadas de CTS no Brasil! Sobre avanços, desconfortos e provocações. **Revista Brasileira de Ensino de Ciência e Tecnologia**, v. 11, n. 2, p. 2018.

BITTENCOURT, Leylane Porto; STRUCHINER, Miriam. A articulação da temática da doação de sangue e o ensino de biologia no Ensino Médio: uma pesquisa baseada em design. **Ciência & Educação (Bauru)**, v. 21, p. 159-176, 2015.

CARAMELLO, Giselle Watanabe; WATANABE, Graciella; STRIEDER, Roseline Beatriz; MUNHOZ, Marcelo G. Articulação Centro de Pesquisa: Escola Básica: contribuições para a alfabetização científica e tecnológica. **Revista Brasileira de Ensino de Física**, v. 32, n. 3, p. 1-9, 2010.

CASTELLS, Manuel. **A sociedade em rede**. São Paulo: Paz e terra, 2005.

CHIARO, Sylvia de; AQUINO, Kátia Aparecida da Silva. Argumentação na sala de aula e seu potencial metacognitivo como caminho para um enfoque CTS no ensino de química: uma proposta analítica. **Educação e Pesquisa**, v. 43, p. 411-426, 2017.

CHRISPINO, Alvaro; LIMA, Leonardo Silva de; ALBUQUERQUE, Márcia Bengio de; FREITAS, Ana Claudia Carvalho de; SILVA, Marco Aurélio Ferreira Brasil da. A área CTS no Brasil é vista como rede social: onde aprendemos? **Ciência & Educação (Bauru)**, v. 19, n. 2, p. 455-479, 2013.

CIAVATTA, Maria. A formação integrada à escola e o trabalho como lugares de memória e de identidade. **Revista Trabalho Necessário**, v. 3, n. 3, 2005.

FORESTI, Nóris Almeida Bethonico. Contribuição das revistas brasileiras de biblioteconomia e ciência da informação enquanto fonte de referência para a pesquisa. **Revista Ciência da Informação**, Brasília, v. 19, n. 1, p. 53-71, 1990.

FREIRE, Paulo. **Educação como prática de liberdade**. Rio de Janeiro: Paz e Terra, 1967.

FREIRE, Paulo. **Pedagogia do oprimido**. Rio de Janeiro: Paz e Terra, 1970.

GÓES, Andréa Carla de Souza; BORIM, Danielle Cristina Duque Estrada; KAUFMAN, Daniel; SANTOS, Ana Carolina Clemente dos; SIQUEIRA, Andréa Espínola de; VALLIM, Magui Aparecida. A obra Admirável mundo novo no ensino interdisciplinar: fonte de reflexões sobre Ciência, Tecnologia e Sociedade. **Ciência & Educação (Bauru)**, v. 24, p. 563- 580, 2018.

KRASILCHIK, Myriam. Ensinando ciências para assumir responsabilidades sociais. **Revista de Ensino de Ciências**, v. 14, p. 8-10, 1985.

LIMA, F. N. A. de. Diálogos e perspectivas de uma abordagem CTSA no Ensino de Ciências. **Revista Científica Interdisciplinar INTERLOGOS**, v. 2, n. 1, p. 28-42, 2017.

MELO, Thiago Brañas de; PONTES, Fernanda Costa da Cruz de; ALBUQUERQUE, Marcia Bengio de; SILVA, Marco Aurelio Ferreira Brasil da; CHRISPINO, Álvaro. Os temas de pesquisa que orbitam o enfoque CTS: Uma análise de rede sobre a Produção Acadêmica Brasileira em Ensino. **Revista Brasileira de Pesquisa em Educação em Ciências**, v. 16, n. 3, p. 587-606, 2016.

MOREIRA, Marco Antonio; MASINI, Elcie Aparecida Fortes Salzano. **Aprendizagem significativa:** a teoria de David Ausubel. São Paulo: Centauro, 2010.

OLIVEIRA, Fabio Ferreira de; VIANNA, Deise Miranda; GERBASSI, Reuber Scofano. Física moderna no ensino médio: o que dizem os professores. **Revista Brasileira de Ensino de Física**, v. 29, p. 447-454, 2007.

PALACIOS, Eduardo Marino García; GALBARTE, Juan Carlos González; BAZZO, Walter. **Introdução aos estudos CTS (Ciência, Tecnologia e Sociedade).** Madrid: Organización de Estados Ibero-Americanos (OEI), 2007.

PAVANELLI, Aparecida Pavanelli; OLIVEIRA, Ely Francina Tannuri de. Registro de patentes das universidades brasileiras em bases internacionais. In: XVII Encontro Nacional de Pesquisa em Ciência da Informação. **Anais** [...] Salvador: ENANCIB, 2016, p. 1 - 16.

PINHEIRO, Nilcéia Aparecida Maciel; SILVEIRA, Rosemari Monteiro Castilho Foggiatto; BAZZO, Walter Antonio. Ciência, tecnologia e sociedade: a relevância do enfoque CTS para o contexto do ensino médio. **Ciência & Educação**, Bauru, v. 13, n. 1, p. 71-84, 2007.

RIBEIRO, Henrique César Melo; COSTA, Benny Kramer; MURITIBA, Sérgio Nunes; OLIVEIRA NETO, Geraldo Cardoso de. Visão baseada em recursos: uma análise bibliométrica dos últimos 11 anos. **Revista de Ciências da Administração**, p. 39-59, 2012.

SANTOS, Míriam Stassun dos; AMARAL, Carmem Lúcia Costa; MACIEL, Maria Delourdes. Temas sociocientíficos "sabão e detergente" em aulas práticas de Química na Educação Profissional: uma abordagem CTS. **Revista de Ensino de Ciências e Matemática**, v. 3, n. 3, p. 405-418, 1 out. 2012.

SANTOS, Wildson Luiz Pereira dos. Contextualização no Ensino de Ciências por meio de temas CTS em uma perspectiva crítica. **Ciência & Ensino,** Campinas, v. 1, n. esp., p. 1-12, 2007.

SANTOS, Wildson Luiz Pereira dos. Educação científica humanística em uma perspectiva freireana: resgatando a função do ensino CTS. **Alexandria**: revista educação em ciência e tecnologia, Florianópolis, v. 1, n. 1, p. 109-131, 2008.

SANTOS, Wildson Luiz Pereira dos; MORTIMER, Eduardo Fleury. Abordagem de aspectos sociocientíficos em aulas de ciências: possibilidades e limitações. **Investigações em Ensino de Ciências**, Porto Alegre, v. 14, n. 2, p. 191-218, 2009.

SANTOS, Wildson Luiz Pereira dos; MORTIMER, Eduardo Fleury. Tomada de decisão para ação social responsável no Ensino de Ciências. **Ciência & Educação,** Bauru, v. 7, n. 1, p. 95-111, 2001.

SANTOS, Wildson Luiz Pereira dos; MORTIMER, Eduardo Fleury. Uma análise de pressupostos teóricos da abordagem C-T-S (ciência-tecnologia-sociedade) no contexto da educação brasileira. **Ensaio: pesquisa em educação em ciências**, Belo Horizonte, v. 2, n. 2, p. 1-23, dez. 2002.

SOUZA, Adão José de; ARAÚJO, Mauro Sérgio Teixeira de. A produção de raios X contextualizada por meio do enfoque CTS: um caminho para introduzir tópicos de FMC no ensino médio. **Educar em revista**, p. 191-209, 2010.

SOUZA, Bruna Costa de; VALADARES, Juarez Melgaço. O Ensino de Ciências a partir da temática Mineração: uma proposta com enfoque CTS e três momentos pedagógicos. **Ciência & Educação**, Bauru, v. 28, 2022.

SOUZA, José Paulo de; PEREIRA, Laércio Barbosa. Pós-graduação no Brasil: análise do processo de concentração. **Acta Scientiarum – Human And Social Sciences**, v. 24, p. 159-166, 2002.

SOUZA, Cássia Luã Pires de; GARCIA, Rosane Nunes. Uma análise do conteúdo de Botânica sob o enfoque Ciência-Tecnologia-Sociedade (CTS) em livros didáticos de Biologia do Ensino Médio. **Ciência & Educação**, Bauru, v. 25, p. 111-130, 2019.

SPOLIDORO, Marcello Miranda Ferreira; CHRISPINO, Alvaro. Contribuição de uma controvérsia sobre transgenia para a formação crítica de alunos do ensino médio. **Tecné, Episteme y Didaxis: TED**, n. 48, p. 203-222, 2020.

TERRAZZAN, Eduardo Adolfo. A inserção da Física Moderna e Contemporânea no ensino de Física na escola de 2º grau. **Caderno Catarinense de Ensino de Física**, v. 9, n. 3, p. 209-214, 1992.

TOLEDO, Thiago Brañas de; PONTES, Fernanda Costa da Cruz de; ALBUQUERQUE, Marcia Bengio de; SILVA, Marco Aurelio Ferreira Brasil da; CHRISPINO, Alvaro. Os temas de pesquisa que orbitam o enfoque CTS: uma Análise de Rede sobre as Teses publicadas no Brasil. **Indagatio Didactica**, v. 8, n. 1, p. 1367-1383, 2016.

ZANOTTO, Ricardo Luiz; SILVEIRA, Rosemari Monteiro Castilho Foggiatto; SAUER, Elenise. Ensino de conceitos químicos em um enfoque CTS a partir de saberes populares. **Ciência & Educação**, Bauru, v. 22, p. 727-740, 2016.

CAPÍTULO 7

CONTRIBUTOS DA METODOLOGIA DO DESIGN RESEARCH PARA PESQUISA NO ENSINO DE CIÊNCIAS A PARTIR DO OLHAR DE UM GRUPO DE PESQUISA DA UNIVERSIDADE FEDERAL DE SERGIPE

Sigouveny Cruz Cardoso
Luiz Henrique Barros da Silva
Lorena de Queiroz Pimentel
Erivanildo Lopes da Silva

Resumo

A complexidade do cenário educacional tem exigido metodologias e/ou abordagens de ensino que busquem problematizar a dimensão prática da ação educativa. Em face da necessidade de investigar os condicionantes desse contexto, a inserção de materiais instrucionais nessa realidade exige pensar, planejar, desenvolver e avaliar os construtos teóricos e os aspectos que potencializem sua aplicação. Neste capítulo, apresentamos pesquisas que têm sido realizadas no âmbito das atividades do Mestrado em Ensino de Ciências e Matemática com base na metodologia do Design Based Research, que vem se lançando em Projetos de Pesquisa no Doutorado em Ensino da Rede Nordeste – RENOEN. São estudos que possibilitam evidenciar a eficácia da pesquisa colaborativa, na qual a participação de desenvolvedores de materiais didáticos com outros pesquisadores e intervenientes do processo vêm apontando como um processo investigativo da pesquisa com robusta produção e validação desses materiais. Com essa metodologia, evidenciamos os limites, as potencialidades e as necessidades de refinamento dos materiais projetados com base em problemas educacionais, para os quais são estudadas e produzidas soluções adequadas para a realidade em estudo.

Palavras-chave: Design Research. Grupo de pesquisa. Ensino de Ciências. Pesquisa de desenvolvimento.

INTRODUÇÃO

Os movimentos da sociedade têm exigido que a pesquisa em educação se reinvente e esteja mais atenta aos problemas sociais que permeiam a realidade escolar, que busque preencher a lacuna histórica entre a pesquisa em ensino e o contexto educacional (PLOMP, 2018).

Desse modo, o Design Based Research (DBR) se apresenta como uma metodologia para produzir intervenções educacionais que considerem a realidade da escola, reunindo princípios teóricos e práticos voltados à solução de problemas complexos desses contextos escolares. Com essa metodologia, é possível criar uma solução como alternativa à crítica de que a pesquisa com natureza em educação não contribui de forma efetiva para a realidade escolar (BARBOSA; OLIVEIRA, 2015).

Tendo isso em conta, o grupo "Laboratório de Pesquisas em Ensino de Ciências" (LaPECi), da Universidade Federal de Sergipe (UFS), vem adotando como linha de pesquisa a produção de materiais didáticos por meio do DBR, de maneira a investigar como abordagens contextuais na perspectiva de ensino podem possibilitar o desenvolvimento de aprendizagens em Ciências. Esse grupo tem se dedicado a desenvolver pesquisas em caráter colaborativo, ao produzir reflexões e materiais instrucionais fortemente relacionados à realidade escolar.

Este capítulo foi escrito para apresentar a contribuição do DBR em três das pesquisas desenvolvidas pelo grupo no Mestrado em Ensino de Ciências e Matemática da Universidade Federal de Sergipe nos últimos cinco anos, discutindo a relevância da adesão dessa metodologia para o desenho das pesquisas e resultados obtidos. Na primeira delas o DBR volta-se ao Ensino Investigativo e o Pensamento Crítico (PC); já na segunda abordou-se o desenvolvimento de pesquisa sobre literatura por meio de Contos; e na terceira, o DBR se relacionou ao uso da metodologia para a Abordagem Contextual e o PC em uma Sequência de Ensino- Aprendizagem (SEA).

Com base nos três estudos no âmbito do DBR, que entendemos como contributos para a pesquisa no Ensino de Ciências, apontamos nas considerações finais como a projeção dessas ações do grupo está refletindo no Doutorado em Ensino da Rede Nordeste. Assim, esperamos contribuir com os debates sobre as pesquisas baseadas em Design, de modo a fomentar o uso dessa metodologia na produção de soluções educacionais.

O QUE ENTENDEMOS POR DESIGN RESEARCH NO ENSINO DE CIÊNCIAS

As transformações que regem a dinamicidade do contexto social perpassam e influenciam a complexidade do cenário educacional, o que permite caracterizá-lo como um meio no qual os problemas conduzem a um leque de possibilidades de investigação que a pesquisa científica pode enveredar (MOREIRA, 2002; PLOMP, 2018).

Ao considerar a dinamicidade que rege esses sistemas educacionais, a pesquisa científica, a fim de evitar uma dicotomia entre teoria e prática, precisa de metodologias e abordagens que proponham soluções para os problemas e aspectos da prática educacional cotidiana, bem como permitam gerar conhecimento para ser utilizado nesse contexto (DBR- COLLECTIVE, 2003; MOREIRA, 2002; KNEUBIL; PIETROCOLA, 2017).

Os problemas complexos da prática educativa exigem soluções educacionais projetadas com base em um estudo sistemático, que assegure a qualidade das informações, e o DBR se constitui em um estudo para a projeção de materiais instrucionais, com o intuito de aprofundar-se nas características e no conhecimento que pode ser gerado com a pesquisa (KNEUBIL; PIETROCOLA, 2017; NIEVEEN; FOLMER, 2018; PLOMP, 2018).

O DBR surgiu na década de 1990, sendo inserido no contexto da educação, de forma independente, em pesquisas realizadas por Brown e Collins, em 1992 (KNEUBIL; PIETROCOLA, 2017). A partir dessas pesquisas, surgiram outras que utilizavam a mesma metodologia, porém com nomenclatura diferente do Design Experimental utilizado por Brown à época, mas semelhante à Developmental Research, apresentada em 1999 por Van Den Akker, e em 2004, por Richey e colaboradores; sendo esta, em uma tradução livre, para o português, compreendida como Pesquisa de Desenvolvimento, termo criado por Van Den Akker (KNEUBIL; PIETROCOLA, 2017; MATTA; SILVA; BOAVENTURA, 2014).

Uma definição clássica para o DBR é a que o considera uma sucessão de procedimentos que visam à investigação, sendo desenvolvidos para produzir teorias, materiais instrucionais e práticas pedagógicas que possam ser utilizadas nos processos de ensino e de aprendizagem, ou seja, que tenham potencial de aplicação (BARAB; SQUIRE, 2004 apud MATTA; SILVA; BOAVENTURA, 2014).

Sendo assim, o DBR se constitui em um estudo sistemático do planejamento (desenho), desenvolvimento e avaliação de intervenções educacionais, as quais podem ser programas, processos de aprendizagem, materiais de aprendizagem, ambientes de aprendizagem, produtos e sistemas educacionais (NIEVEEN; FOLMER, 2018; PLOMP, 2018). O DBR foi desenvolvido para que os pesquisadores ajustassem sistematicamente vários aspectos de um contexto dado, para que, com esses ajustes, pudessem testar e produzir uma teoria em um contexto natural (PLOMP, 2018).

Essa metodologia de pesquisa possui abordagens que permitem associar sua perspectiva teórica a implicações práticas, de modo a produzir princípios de design, os quais norteiam as características e as diretrizes para o desenho da intervenção (KNEUBIL; PIETROCOLA, 2017; PLOMP, 2018). Nesse sentido, um grupo de pesquisadores influentes na área, ao escrever um texto coletivo sobre aspectos, definições, relevância, abordagens e aplicações do DBR, consideraram que:

> Os métodos de pesquisa baseados em design se concentram em projetar e explorar toda a gama de inovações projetadas: artefatos e aspectos menos concretos como estruturas de atividades, instituições, [...] e currículos. É importante ressaltar que a pesquisa baseada em design vai além de meramente projetar e testar intervenções específicas. As intervenções incorporam afirmações teóricas específicas sobre ensino e aprendizagem e refletem um compromisso com a compreensão das relações entre teoria, artefatos projetados e prática. Ao mesmo tempo, pesquisas sobre intervenções específicas podem contribuir para teorias de ensino e aprendizagem (DBR-COLLECTIVE, 2003, p.6, [T.A.]).

Nessa metodologia, é feita uma análise do todo por meio de processos cíclicos e iterativos, com a finalidade de utilizar os resultados dessa análise na própria metodologia e aprimorar a pesquisa e o protótipo da intervenção, de modo que o primeiro design possa ser utilizado nos próximos protótipos (KNEUBIL; PIETROCOLA, 2017; PLOMP, 2018).

A pesquisa na DBR é constantemente revisada, e essas etapas de realização englobam três fases essenciais, também denominadas fase preliminar, fase de prototipagem e fase de avaliação (PLOMP, 2018). A fase preliminar se refere aos estudos sobre as necessidades do contexto educacional e seu aprofundamento nas bases teóricas, contribuindo para a compreensão do problema em questão (NIEVEEN; FOLMER, 2018).

A fase de prototipagem engloba o design ou a projeção, o desenvolvimento e a avaliação de protótipos da intervenção educacional, que podem ser versões parciais ou completas de materiais didáticos ou propostas de cursos, por exemplo (KNEUBIL; PIETROCOLA, 2017; PLOMP, 2018). Nessa etapa, é incorporada a fase de avaliação, na qual são realizadas as validações das projeções provisórias, a fim de avaliar os limites, as possibilidades de aperfeiçoamento e as potencialidades de intervenção (KNEUBIL; PIETROCOLA, 2017; NIEVEEN; FOLMER, 2018; PLOMP, 2018). Os processos cíclicos e iterativos descritos são demonstrados na figura 1:

Figura 1– Etapas da Pesquisa Baseada em Design (DBR)

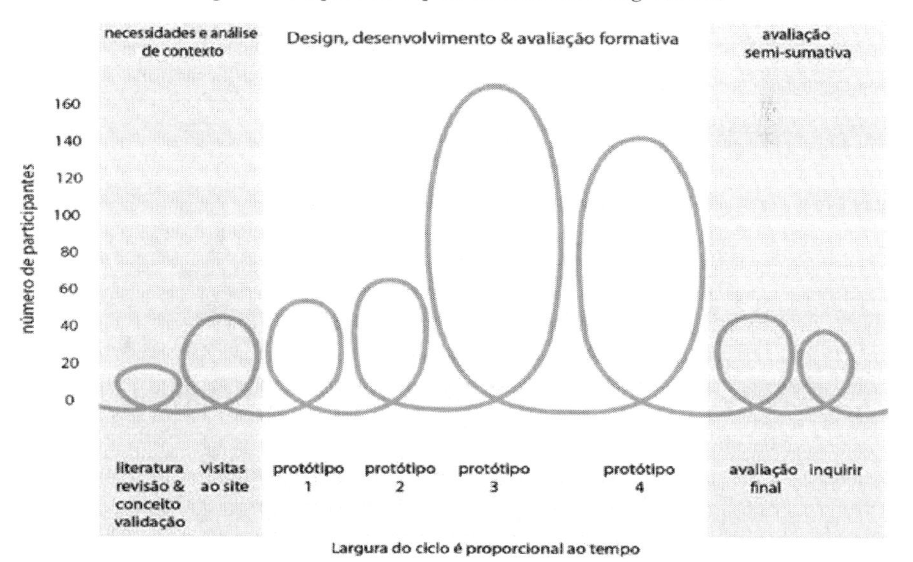

Fonte: McKenney (2001), retirado de Plomp (2018).

A pesquisa baseada em Design pode suscitar questões relevantes tanto para a pesquisa aplicada à prática como para os métodos de pesquisa em geral, de modo a enriquecer a compreensão da natureza da intervenção e possibilitar também o entendimento não somente dos condicionantes da prática educacional, como também dos mecanismos e construtos teóricos envolvidos na produção dos protótipos de intervenção (DBR-COLLECTIVE, 2003; KNEUBIL; PIETROCOLA, 2017).

CONTRIBUTOS DA PESQUISA BASEADA EM DESIGN

A relação da teoria com a prática educacional se caracteriza como complexa, por isso a aplicação direta da proposta pode implicar resultados insuficientes para resolver os problemas complexos provenientes do contexto que está em estudo (VAN DEN AKEER, 1999 apud KNEUBIL; PIETROCOLA, 2017).

O desenvolvimento de uma pesquisa envolve fatores que vão além da delimitação de questões, objetivos e metodologias a serem seguidos em um cenário ou contexto específico, pois perpassa a preocupação de como planejar, desenvolver e avaliar, de forma sistemática, um instrumento adequado para um determinado contexto de pesquisa (NIEVEEN; FOLMER, 2018; PLOMP, 2018).

Entre os problemas, alguns estão relacionados a disponibilizar, nos materiais instrucionais, um método para a sistematização desses aspectos em função de um conteúdo específico a ser ensinado (LIJNSE; KLAASSEN, 2004). Esses aspectos, quando inseridos no plano investigativo, constituem problemas que podem ou não comprometer a validade e a objetividade de uma pesquisa, pois precisam ser projetados, analisados e validados para garantir que seus construtos assegurem a qualidade de suas informações (DBR-COLLECTIVE, 2003; LIJNSE; KLAASSEN, 2004; MATTA; SILVA; BOAVENTURA, 2014).

Pesquisadores reunidos no manifesto coletivo sobre a Pesquisa Baseada em Design consideram a necessidade de olhar para as intervenções educacionais de forma holística, ou seja, voltada para a realização das intervenções nas interações entre materiais, professores, desenvolvedores e alunos (DBR-COLLECTIVE, 2003).

Quando se fala em validade da Pesquisa Baseada em Design, a confiabilidade de estudos realizados em torno dessa metodologia de pesquisa pode ser promovida em análises de ciclos de desenvolvimento, aplicação e avaliação, para a criação de instrumentos que podem ser padronizados, de modo que essa validade seja estabelecida por meio de parcerias na pesquisa (DBR-COLLECTIVE, 2003; NIEVEEN; FOLMER, 2018; PLOMP, 2018). Essas ações resultam no alinhamento crescente da teoria, do design, da prática e da medição ao longo do tempo (DBR-COLLECTIVE, 2003; NIEVEEN; FOLMER, 2018).

A validação de materiais instrucionais é considerada relevante por envolver a interação entre especialistas de Ensino de Ciências que colaboram com os desenvolvedores da pesquisa, uma vez que a Pesquisa Baseada em Design pode ser realizada em qualquer ambiente, como nas salas de aula da Educação Básica ou do Ensino Superior (DBR-COLLECTIVE, 2003; MATTA; SILVA; BOAVENTURA, 2014; PLOMP, 2018).

As parcerias envolvidas com a validação dos materiais, assim como sua aplicação, garantem o caráter colaborativo do DBR e permitem revelar diversas habilidades que passam a ser enfatizadas principalmente nas intervenções em sala de aula, que, com a colaboração do professor, possibilitam refinar os principais elementos e componentes de uma intervenção, a fim de aproximá-la do contexto e do problema educacional em estudo (DBR-COLLECTIVE, 2003; PLOMP, 2018).

Nesse sentido, o grupo LaPECi, com sede na UFS, vem empreendendo ações com foco na metodologia do DBR, sendo as pesquisas realizadas no âmbito do Mestrado em Ensino de Ciências e Matemática e do Doutorado em Ensino. Por meio dessas iniciativas, o grupo passou a centralizar suas discussões e ações em volta dos processos anteriores à prática educativa (estudos e análises das necessidades do contexto, além da produção e validação de materiais instrucionais com especialistas do Ensino de Ciências). Essas ações procuram refletir, fazer e aplicar as intervenções em sala de aula com a colaboração de professores da Educação Básica.

Um dos objetivos centrais dessa abordagem de pesquisa é o olhar criterioso, fundamentado e validado para o planejamento e a inserção de construtos teóricos que assegurem a qualidade das intervenções e que se aproximem do problema educacional em estudo, por meio de processos cíclicos de discussões e do refinamento dos protótipos das intervenções (CARDOSO, 2021; PIMENTEL, 2021; SILVA, 2020).

Esse processo sistemático de planejamento, desenvolvimento e avaliação de materiais instrucionais, a exemplo de Atividades Investigativas (AI) e SEA, procura perceber possíveis potencialidades, limites e necessidades de reformulação dos protótipos. Desse modo, ao colocar em evidência o material no plano, o grupo procura discutir não só com especialistas do Ensino de Ciências, mas também professores e grupos de estudantes da Educação Básica, para que sejam construídas inferências sobre as concepções da viabilidade dos protótipos projetados. A figura 2 apresenta um esquema das ações realizadas pelo grupo LaPECi tendo como base a metodologia do DBR, conforme destacado a seguir:

Figura 2 – Esquema de ações realizadas no grupo LaPECi pela DBR

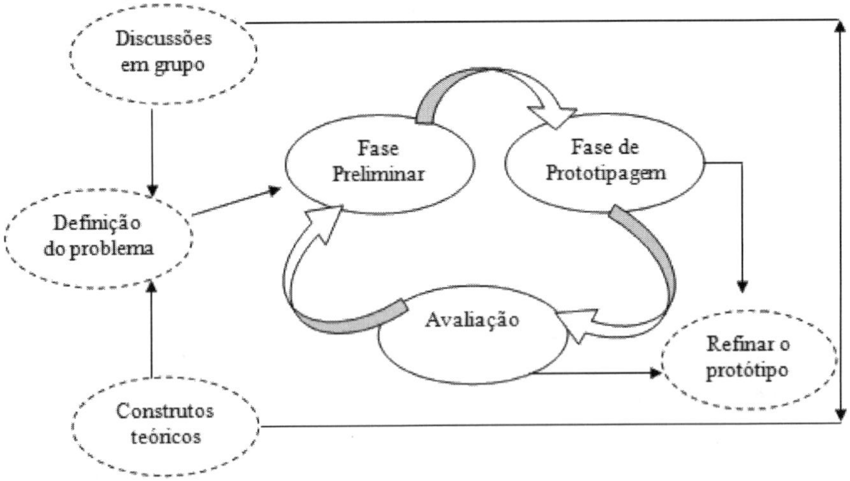

Fonte: Autora (2022).

Conforme a figura 2, o grupo passou a estruturar suas pesquisas em DBR por meio do estudo sistemático de construtos teóricos que são a base para a delimitação do problema, projeção e planejamento dos materiais instrucionais. A partir de discussões em grupo, da análise das necessidades do contexto em estudo e das produções na literatura sobre os temas, a fase de prototipagem dos materiais passou a se basear nos processos de produção e validação com especialistas do Ensino de Ciências e intervenientes do contexto educacional (professores e estudantes). Nas subseções seguintes, são exploradas as pesquisas realizadas pelo grupo.

Design Based Research como metodologia na produção de Atividades Experimentais Investigativas para a promoção do Pensamento Crítico

Como discutido nos tópicos anteriores, o DBR se propõe a gerar soluções educacionais para problemas da prática educativa, buscando vincular os olhares teóricos às práticas da realidade educacional. Pensando nisso, neste tópico iremos discutir as contribuições do Design em um processo de pesquisa que teve como objetivo construir Atividades Experimentais Investigativas (AEI) promotoras do PC.

Como explicado por Nonato e Matta (2018), o DBR vai além da construção de soluções educacionais, representa um laço entre a visão sistêmica das teorias acadêmicas e as necessidades reais dos processos educativos vivenciados dentro das instituições de ensino. Assim, o Design busca acessar as realidades escolares partindo delas para gerar soluções, não ignorando o contexto ao qual se destinam, mas projetando soluções juntamente com os atores envolvidos em todas as instâncias do processo.

Nesse sentido, foi desenvolvida durante a produção de uma dissertação de mestrado no Programa de Pós-Graduação em Ensino de Ciências e Matemática (PPGECIMA) da UFS e teve como título "Capacidades de Pensamento Crítico em Atividades Experimentais Investigativas: Uma Perspectiva para a Abordagem Metodológica da Pesquisa de Desenvolvimento" (SILVA, 2020).

É a partir desse pensamento que a pesquisa de Silva (2020) se estrutura, pois seria improvável um caminho coerente para tal estudo que não atravessasse o chão da escola de forma direta, que não ouvisse os professores e alunos e que não os convidasse para avaliar e reconfigurar os produtos educacionais conjuntamente. O DBR representou a escolha por um caminho ativo de experimentações educacionais, que não abandona as necessidades do contexto de ensino e não se volta apenas ao controle das variáveis nessas testagens, mas permite refletir sobre as transformações que o contexto demanda.

Ressalta-se que a adoção dessa linha de pensamento voltado à construção coletiva de soluções educacionais atualmente permeia todas as pesquisas do grupo LaPECi, formando uma rede de pesquisa comprometida com a produção de materiais didáticos que sejam relevantes aos contextos aos quais se destinam.

A pesquisa de Silva (2020) atravessou as três etapas do DBR. Na primeira, chamada pesquisa preliminar, o autor consultou a literatura referente à construção de AEI para a construção do PC. Foi perceptível a falta de trabalhos que abordassem essas perspectivas teóricas conjuntamente, sendo possível a elaboração de poucas diretrizes que orientassem a construção dos materiais.

Nesse sentido, ao visitar a escola que receberia a pesquisa, buscou-se, além de identificar as necessidades formativas daquele contexto, compreender qual seria a melhor conformação para um material didático, de modo que ele fosse relevante para a escola. Almejando esse objetivo, a professora responsável pela disciplina de Química da escola foi entrevistada, a fim de que pudéssemos conhecer o que era necessário ser discutido e o que mobilizava os estudantes. Essa entrevista serviu como fio condutor para as decisões que configurariam a estrutura do material.

Com a entrevista, surgiram alguns temas, como "Análise do pH do solo para uma horta", pois na escola existia uma horta na qual os estudantes já desenvolviam projetos interdisciplinares, discutiam sobre a escassez de alimentos e utilizavam produtos da própria horta da escola para alimentação, e "Como é possível identificar a quantidade de calorias dos alimentos?", destinado a discutir questões relacionadas à quantidade de calorias dos alimentos e ao preconceito em torno da gordofobia, pois a professora relatou casos de bullying na escola que teriam sido identificados pelos próprios alunos.

Tais temas se configuraram em Casos Investigativos (HERREID, 1998), visto que essa abordagem de ensino busca produzir estórias que recrutam elementos educativos diversos que transitam entre várias habilidades, as quais serão necessárias para sua resolução. Nos casos investigativos, os personagens enfrentam desafios e precisam tomar decisões; essa conformação educa ao instigar a criticidade e fomentar a autonomia nas decisões (FRANCISCO; BENITE, 2015).

Dessa forma, foram reunidos referenciais teóricos que orientaram a construção de casos investigativos. Herreid (1998) aponta que um bom caso deve, entre outras características, ser relevante para o leitor, provocar conflitos e forçar uma decisão. Essas características conversam com o objetivo do trabalho de construir Atividades Experimentais Investigativas promotoras do PC.

Levantadas essas informações na etapa de pesquisa preliminar, a investigação partiu para a segunda etapa, fase de prototipagem. Nela, os materiais foram construídos pelo autor do trabalho e submetidos a uma série de testagens, que envolveu sua apresentação a especialistas na área de Educação em Ciências com formação relacionada aos casos investigativos e ao PC, ao grupo de pesquisa LaPECi, à professora da escola participante que havia sido entrevistada e a um grupo de alunos da escola palco da pesquisa, que leram o material buscando incompreensões e incongruências.

Silva (2020) buscou, com esse processo de testagem, que o material estivesse conforme o processo de pesquisa no DBR, o qual indica a análise sistemática de todas as facetas que compõem o produto, a fim de identificar sua coerência para o contexto ao qual se destina. Nesse processo de análise, diversos pontos foram identificados e reformulados a partir das indicações das testagens.

Ressalta-se, aqui, a participação dos alunos e da professora da Educação Básica nessa pesquisa colaborativa, pois os atores, que seriam os que apenas receberiam um produto acabado, se mostraram, nas testagens, construtores ativos ao indicarem novos caminhos e conformações.

Por fim, na terceira etapa, fase de avaliação, todo o conhecimento levantado nas testagens foi utilizado para construir um novo protótipo, mais coerente com o contexto de ensino. Na pesquisa de Silva (2020), os ciclos de testagens se encerraram nesse momento, pois o período destinado à realização da pesquisa de mestrado se encerrava. Mas, do ponto de vista do DBR, compreendia-se que seriam necessárias novas formas de análise para verificar se as alterações feitas, de fato, estavam contemplando as necessidades do contexto.

Foi observada uma importância singular ao inserir o Design na lógica interna da pesquisa, uma vez que as testagens escolhidas uniram os elementos teóricos e práticos, além de possibilitar como resultado uma versão do protótipo alinhada aos seus pressupostos teóricos (SILVA, 2020).

Design Based Research para o desenvolvimento de pesquisa sobre literatura por meio de Contos, Ensino Investigativo e Pensamento Crítico

A pesquisa intitulada "Contos em Ensino Investigativo como promotores de capacidades de PC no Ensino de Ciências" buscou desenvolver um produto educacional que envolvesse a literatura por meio dos contos, do ensino por investigação e do PC, tendo o objetivo de conhecer como a abordagem de uma Sequência de Ensino Investigativo (SEI), que recorre a um conto literário, permite a promoção de conhecimentos que corroboram com o desenvolvimento de capacidades de PC (PIMENTEL, 2021).

Para atender a esse objetivo, os autores optaram por utilizar o DBR como metodologia de pesquisa. Desse modo, dentre as etapas que constituem o DBR, ou seja, as fases preliminar, de prototipagem e avaliação, a pesquisa avançou até a fase de prototipagem, especificamente a fase de reformulação do primeiro protótipo.

Na fase preliminar, começou a ser desenhado o primeiro ciclo do design, que compreende a realização de uma pesquisa prévia de revisão de literatura, buscando fundamentos para a construção dos princípios de design. Esses princípios, segundo Pimentel (2021), têm o intuito de produzir um produto educacional que resista ao contexto de sala de aula.

Desse modo, foram produzidos princípios de design, sendo o primeiro relacionado ao uso da literatura por meio de contos, a fim de promover o estímulo à leitura, à curiosidade, à criticidade e ao debate sobre determinada problemática (ANDRANDE, 2019; PIMENTEL, 2021). O segundo princípio estava relacionado à produção de uma SEI por meio de AI, com a finalidade de promover a passagem da ação manipulativa para a intelectual e mobilizar a capacidade de PC de fazer e avaliar induções, com destaque para o descritor "investigar" (CARVALHO, 2013; PIMENTEL, 2021; TENREIRO-VIEIRA; VIEIRA, 2000). O terceiro princípio estava relacionado à mobilização de capacidades de PC para desenvolver o "refletir", ao se controlar variáveis e tomar decisões baseadas em evidências e no conhecimento científico (PIMENTEL, 2021; TENREIRO-VIEIRA; VIEIRA, 2000).

Partindo desses princípios, foi iniciado o segundo ciclo do design, ainda na fase preliminar, que diz respeito à fase de validação conceitual. Nela, foi realizada uma investigação do universo temático para a produção dos contos e conteúdos, o que contribuiu para a projeção do primeiro protótipo. Esse levantamento ocorreu em uma Escola Pública Municipal localizada no Agreste Sergipano, sendo que o material projetado foi planejado para ser aplicado com alunos do 9º ano. Entretanto, a aplicação do material em sala de aula não foi possível devido ao período pandêmico ocasionado pelo coronavírus.

O mapeamento de possíveis temas problematizadores ocorreu num processo colaborativo entre os pesquisadores, a professora e os alunos da escola selecionada, assim como entre alunos que viviam uma realidade semelhante à dos estudantes da instituição escolar palco da pesquisa. Para o levantamento das temáticas, foi realizada uma entrevista com a professora de Ciências da Natureza, a fim de investigar possíveis temáticas que fossem relevantes para os alunos do contexto em estudo. Além disso, a coleta de dados se deu por meio da aplicação de questionários com os estudantes baseados nos dados obtidos na entrevista com a professora.

Para elaboração e aplicação do questionário, também utilizamos o DBR, pois esse referencial permite que o pesquisador repense seu material o tempo todo, por meio de avaliações formativas, e faça as modificações que julgar serem necessárias para a produção dos materiais. Diante disso, foram utilizadas as seguintes etapas para a elaboração e coleta de dados a partir das respostas aos questionários:

- Elaboração de um questionário-piloto e validação do questionário, por meio de sua aplicação a seis alunos voluntários de outros municípios com características semelhantes àqueles da escola selecionada para o desenvolvimento da pesquisa;
- Reformulação do questionário e aplicação a um grupo de estudantes de uma turma do 9º ano do Ensino Fundamental na escola da professora colaboradora.

Entre as temáticas que emergiram de todo o processo de investigação, a que mais se destacou, tanto nas falas da professora quanto nas respostas dos alunos, foi a utilização de agrotóxicos na agricultura, sendo essa uma realidade que faz parte do cotidiano dos estudantes da comunidade. Segundo Carvalho (2013), para despertar nos estudantes o interesse em aprender e levá-los ao envolvimento na busca de uma solução para determinado problema, faz-se importante que esse problema esteja inserido no dia a dia deles. Assim, o DBR permitiu, por meio da avaliação formativa do segundo ciclo, escolher a temática

"Agrotóxicos", por fazer parte do cotidiano dos estudantes, por sua relevância à comunidade em estudo, assim como a outras que vivenciam a mesma realidade.

Definida a temática, o processo de produção do primeiro protótipo foi iniciado. Para esse propósito, primeiro foi elaborado um texto literário do gênero "conto", tendo como características: brevidade, unidade de efeito, função e conflito. Essas características, de acordo com Andrade (2019), são essenciais para esse tipo de gênero literário, definido respectivamente como um texto curto que pode ser lido apenas uma vez, trazendo sensações ao leitor, as quais podem ser sentidas se ele estiver focado na leitura; as ações, que os personagens fazem durante a narrativa, e o conflito estão relacionados ao contexto da estória, tendo seu início, desenvolvimento, clímax e desfecho.

Em seguida, foi elaborada também uma SEI, estruturada em quatro etapas, como proposto por Carvalho (2013): problematização inicial, resolução de problemas pelos alunos, sistematização de conhecimento pelos grupos e a etapa de escrever e desenhar.

Na problematização inicial, o problema é apresentado aos alunos por meio de variados tipos de instrumentos didáticos, como textos, figuras, experimentação e filme. Logo após, as atividades de resolução de problemas são realizadas, etapa na qual os estudantes podem criar hipóteses e testá-las. Carvalho (2013) destaca que, nessa etapa da SEI, os erros são importantes para a construção do conhecimento, visto que é a partir dos erros que os alunos vão diminuindo as variáveis que não interferem na resolução do problema. Na sistematização do conteúdo, o professor pode mediar um debate com os alunos, sintetizando, de maneira coletiva, o conhecimento; e na etapa de escrever ou representar, os estudantes são solicitados a produzir algo sobre o que aprenderam durante as aulas, pois é a fase de sistematização individual.

Após o processo de construção, o material foi submetido a dois momentos de validação: o primeiro, para a formulação do protótipo (primeira versão da SEI), e o segundo, para sua reformulação. Cada avaliação realizada na prototipagem foi considerada importante para analisar e repensar o material, na busca de chegar a um instrumento com potencial significativo para o ambiente escolar.

Assim, na fase de formulação do protótipo, a validação se deu em duas etapas: validação do conto e da estruturação, e, alinhamento dos elementos da SEI. Para a validação do conto, os especialistas que realizaram a análise do texto literário responderam a um questionário com perguntas baseadas nas características brevidade, função, unidade de efeito e conflito, defendidas por Andrade (2019). Da mesma forma, a SEI também foi avaliada por especialistas em Ensino por Investigação e PC.

Após a primeira etapa de validação, o produto educacional passou por um processo de reelaboração, o qual foi importante, pois contribuiu para minimizar as inconformidades apresentadas nas validações anteriores, possibilitando a produção do primeiro protótipo. Para sua reformulação, mais uma vez elaboramos um questionário contemplando os três aspectos abordados na pesquisa. Após a elaboração do questionário, foi solicitado que os avaliadores fizessem a avaliação dele de acordo com sua área de conhecimento. E, posteriormente a esse novo processo de avaliação, o texto passou por outras reformulações, para que a pesquisa pudesse ser aplicada em sala de aula.

Com a pesquisa de Pimentel (2021), conseguimos desenvolver os dois ciclos da fase preliminar, fazendo a análise do contexto e das necessidades a partir da revisão de literatura e da investigação temática. Também foi possível desenvolver o primeiro ciclo de prototipagem (por meio do desenho e do desenvolvimento do protótipo), porém não foi realizada a avaliação formativa do produto educacional com estudantes em uma aplicação na sala de aula. Consequentemente, não foi possível avançarmos para o segundo protótipo.

Design Based Research como metodologia para a Abordagem Contextual e o Pensamento Crítico em uma Sequência de Ensino-Aprendizagem

A pesquisa "Capacidades de Pensamento Crítico a partir de uma Abordagem Contextual para o ensino de Eletroquímica", desenvolvida por Cardoso (2021), foi iniciada no ano de 2019 com o Mestrado em Ensino de Ciências e Matemática e que concentrou suas investigações em um estudo sobre a projeção e a validação de protótipos de uma SEA. O estudo contou com a colaboração de professores-pesquisadores do Ensino de Ciências para seu desenvolvimento e validação (CARDOSO, 2021).

Essa pesquisa passou a considerar que a diversidade de informações que são compartilhadas na dinâmica social, quando envolvem conhecimentos científicos, podem estar baseadas em relatos falsos ou tendenciosos de fatos históricos e eventos contemporâneos (ALLCHIN, 2004; CARDOSO, 2021;

HALPERN, 1999). Desse modo, a educação científica se constitui como essencial no processo de desenvolvimento de estudantes mais críticos e participativos, para que saibam lidar com essa gama de informações à medida que vivenciam diferentes situações em sala de aula, caso necessitem de habilidades mentais e do conhecimento científico para resolvê-las (CARDOSO, 2021; CACHAPUZ et al., 2005; TENREIRO-VIEIRA; VIEIRA, 2000).

Para que esse problema pudesse ser colocado no plano de investigação da pesquisa de Cardoso (2021), a contextualização histórica do conhecimento científico passou a ser considerada fonte de situações investigativas para a sala de aula (BATISTA; SILVA, 2018; KIPNIS, 2001). Nesse sentido, os desenvolvedores consideraram produzir um material instrucional orientado não apenas para a construção de conhecimentos científicos pelos estudantes, mas para o processo de mobilização de habilidades mentais relacionadas ao refletir, investigar, debater, decidir e agir criterioso, a serem desenvolvidas na dinâmica da resolução de um problema histórico (CARDOSO, 2021; MATTHEWS, 1995; TENREIRO-VIEIRA; VIEIRA, 2019).

Para tal empreitada, os pesquisadores envolvidos na investigação, após as discussões em reuniões nas quais o problema foi exposto, decidiram que, em face do contexto pandêmico, a pesquisa centralizasse seu objeto de estudo no processo anterior à aplicação em sala de aula (CARDOSO, 2021). Pensar nas fases anteriores à aplicação não significa distanciar-se de seu contexto educacional, pois, para que o material instrucional possa ter potencial de aplicação em uma realidade, é preciso que suas necessidades sejam analisadas do ponto de vista de seus participantes (KNEUBIL; PIETROCOLA; NIEVEEN; FOLMER, 2018; PLOMP, 2018).

Mas como projetar um material instrucional baseado nos pressupostos da História da Ciência e do PC para o Ensino de Ciências? Quais construtos teóricos precisariam ser salientados? Quais materiais têm sido produzidos baseados na História da Ciência para o desenvolvimento do PC dos estudantes? Esses foram questionamentos que nortearam as discussões sobre como fazer a pesquisa, sendo um questionamento central: Qual metodologia de pesquisa ancora essas investigações e permite sustentar teoricamente a validade dos construtos produzidos no material para assegurar a qualidade e o potencial das informações produzidas?

Todo o processo de pesquisa foi estruturado com base na metodologia do DBR, tendo como propósito a produção e a validação de uma SEA para ser aplicada na Educação Básica. A primeira etapa da pesquisa, ou seja, a fase preliminar no DBR consistiu na realização de uma sondagem em uma escola da Educação Básica situada no município de Aracaju (Estado de Sergipe), para compreender as necessidades do contexto em estudo.

Com a colaboração da professora de Química da escola e dos desenvolvedores da pesquisa, nessa fase preliminar foi possível delimitar o episódio histórico (destacando a controvérsia científica sobre os fenômenos elétricos que ocorreram entre Luigi Galvani e Alessandro Volta, no século XVIII), o conteúdo científico de eletroquímica e o público-alvo para o qual o material deveria ser projetado.

Essas informações foram relevantes para realizar, ainda na fase preliminar da pesquisa, um aprofundamento nos estudos das bases teóricas de História da Ciência (HC) e do PC, incluindo uma revisão na literatura para compreender como os materiais apresentavam abordagens centralizadas nesses pressupostos (CARDOSO, 2021).

Esses estudos preliminares possibilitaram evidenciar a ausência de materiais instrucionais que apresentassem uma abordagem direta dos dois pressupostos, o que permitiu inferir sobre a necessidade de construir, durante a fase preliminar, um instrumento de aproximação teórica para realizar essa projeção de forma adequada e orientada em uma SEA (CARDOSO; SILVA, 2021).

Na fase de prototipagem do material instrucional, esse instrumento foi projetado na SEA por meio da tipologia FA²IA (Focar, Argumentos, Assunções, Inferências e Avaliação), considerada um guia para a formulação de questões e atividades pelo professor, na qual a contextualização histórica estava orientada para a mobilização de capacidades de PC (MATTHEWS, 1995; TENREIRO-VIEIRA; VIEIRA, 2000). A fase de prototipagem da pesquisa buscou planificar essas aproximações para a abordagem do conteúdo de Eletroquímica.

Após a construção do primeiro protótipo da SEA, a fim de assegurar a validade dos construtos teóricos nas atividades projetadas nas dimensões de História da Ciência e do PC, o material instrucional foi submetido à avaliação de especialistas do Ensino de Ciências, que concentraram suas análises na viabilidade das produções realizadas considerando a abordagem de História da Ciência e das capacidades de PC ao longo das atividades projetadas.

O DBR é uma metodologia que permite considerar tanto os condicionantes da prática educacional e sua influência no processo de aplicação quanto o gerenciamento da pesquisa e a validação dos materiais instrucionais produzidos, pois a avaliação do processo deve ser realizada constantemente, a fim de refinar os protótipos para que se tornem adequados e próximos ao contexto em estudo (DBR-COLLECTIVE, 2003; KNEUBIL; PIETROCOLA, 2018; PLOMP, 2018).

Nesse sentido, a primeira validação do protótipo da pesquisa de Cardoso (2021) possibilitou inferir sobre a estrutura da SEA em função da Abordagem Contextual projetada para o desenvolvimento do PC, sendo evidenciados os limites, as potencialidades e as necessidades de reformulação dos aspectos analisados pelos especialistas. Com o refinamento do protótipo, uma nova versão foi construída e, considerando os pressupostos de Nieveen e Folmer (2018) sobre a avaliação em uma pesquisa baseada no DBR, esse processo considerou a participação da professora da Educação Básica.

Nesse caso, a professora da Educação Básica, que também é integrante do grupo de pesquisa, analisou a segunda versão do protótipo do ponto de vista do contexto da prática educacional, considerando necessárias as reflexões sobre as projeções do protótipo no contexto de aplicação com estudantes, de forma a analisar a viabilidade das estratégias apresentadas nas atividades em face da contextualização histórica e da potencialidade das atividades para o desenvolvimento das capacidades de PC dos estudantes. A partir dessas validações, o material instrucional foi refinado, constituindo o segundo protótipo da pesquisa.

CONSIDERAÇÕES FINAIS

A partir da discussão apresentada sobre o DBR, podemos concluir que esse referencial teórico-metodológico é uma ferramenta muito útil para a produção de materiais didáticos que buscam aproximar os conceitos científicos da realidade sociocultural dos estudantes. Isso, porque visa olhar para a prática cotidiana da escola e onde ela está inserida para criar um produto educacional que resista ao contexto plural da realidade escolar, ou seja, que possa ser efetivamente utilizado na sala de aula após a conclusão da pesquisa.

A adesão ao DBR permitiu a afirmação de que os Casos Investigativos representam uma intervenção educacional baseada em problemas reais. O caráter coletivo que o DBR agrega à pesquisa possibilitou criar uma rede de construção para o desenho dos protótipos, gerando, assim, produtos próximos às necessidades do contexto de ensino.

A pesquisa desenvolvida sobre Contos Literários possibilitou ao grupo evidenciar que o processo de DBR contribuiu para a construção de um material instrucional dinâmico e mais próximo da realidade dos estudantes, pois o referencial utilizado permitiu que esse processo fosse feito em colaboração, por meio da participação efetiva dos professores e dos alunos da escola.

O desenvolvimento da pesquisa sobre Abordagem Contextual na metodologia de DBR, que iniciou no Mestrado em Ensino de Ciências e Matemática, vem possibilitando prosseguir no âmbito do Doutorado em Ensino, ampliando as investigações realizadas para um âmbito mais complexo, que é o da prática educativa. As pesquisas descritas têm se consolidado por meio da realização de estudos de prototipagem com grupos de professores do Ensino de Ciências, licenciandos e de intervenções com estudantes da Educação Básica em suas escolas.

Assim, as investigações que têm sido realizadas no âmbito do DBR têm possibilitado aos desenvolvedores se aprofundar nas relações dicotômicas de teoria e prática da pesquisa educacional, analisar todo o processo, gerenciar o desenvolvimento de intervenções educacionais, compreender os limites da prática educativa e a influência desses condicionantes nos intervenientes desse processo (colaboradores, professores e estudantes), assim como evidenciar a possibilidade de providenciar melhorias para o Ensino de Ciências e a aprendizagem dos estudantes com a ampliação das colaborações no estudo.

Por fim, percebemos, na descrição das três pesquisas apresentadas na discussão deste trabalho, a relevância da adesão desse tipo de metodologia para o desenvolvimento de pesquisas científicas que visam se aprofundar em todo o processo.

AGRADECIMENTOS

O presente trabalho foi realizado com apoio da Coordenação de Aperfeiçoamento de Pessoal de Nível Superior — Brasil (CAPES) — Código de Financiamento 001.

REFERÊNCIAS

ALLCHIN, Douglas. Pseudohistory and Pseudoscience. Science Education, v. 13, p. 179-195, 2004.

ANDRADE, Tatiana Santos. Apropriação de aspectos formativos de licenciandas em Química por meio da escrita, reescrita e mediação da leitura de contos e a ficção científica. 2019. Tese (Doutorado em Ensino, Filosofia e História das Ciências) – Instituto de Física, Universidade Federal da Bahia. Salvador. 2019.

BARBOSA, Jonei Cerqueira; OLIVEIRA, Andreia Maria Pereira de. Por que a Pesquisa de Desenvolvimento na Educação Matemática? Perspectivas da Educação Matemática, v. 8, p. 526-546, 2015.

BATISTA, Renata da Fonseca Moraes; SILVA, Cibelle Celestino. Abordagem histórico-investigativa no Ensino de Ciências. Estudos Avançados, v. 32, n. 96, p. 97-110, 2018.

CACHAPUZ, António et al. A necessária renovação do ensino das ciências. São Paulo: Cortez Editora, 2005. p. 19-34.

CARDOSO, Sigouveny Cruz. Capacidades de Pensamento Crítico a partir de uma Abordagem Contextual para o ensino de Eletroquímica. 2021. Dissertação (Mestrado em Ensino de Ciências e Matemática) – Universidade Federal Sergipe. São Cristóvão. 2021.

CARDOSO, Sigouveny Cruz; SILVA, Erivanildo Lopes da. Modelo teórico de aproximações para o Ensino de Ciências entre as premissas da História da Ciência e do Pensamento Crítico. Ensino & Multidisciplinaridade, v. 7, n. 1, p. 111-130, 2021.

CARVALHO, Anna Maria Pessoa de. O Ensino de Ciências e a proposição de sequências de ensino investigativas. In: CARVALHO, A. M. P. Ensino de Ciências por investigação: condições para implementação em sala de aula. São Paulo: Cengage Learning, 2013. p. 1-20.

DBR-COLLECTIVE. Design-Based Research: an emerging paradigm for educational inquiry.Educational Researcher, v. 32, n. 1, p. 5-8, 2003.

FRANCISCO, Welington; BENITE, Anna Maria Canavarro. Casos Investigativos e o ensino de cromatografia de alta eficiência. X Encontro Nacional de Pesquisa em Educação em Ciências. Anais [.], Águas de Lindóia, 2015.

HALPERN, Diana. Teaching for critical thinking: helping college students develop the skills and dispositions of a critical thinker. In: [S.N.] New directions for teaching and learning. [S.l.]: Jossey-Bass Publishers, 1999. p. 69-74

HERREID, Clyde Freeman. What makes a good case? Journal of College Science Teaching, v. 27, n. 3, p. 163-169, 1998.

KIPNIS, Nahum. Scientific controversies in teaching science: the case of Volta. In: BEVILACQUA, Fabio; GIANNETTO, Enrico; MATTHEWS, Michael Robert. Science education andculture: the contribution of History and Philosophy of Sciences. Dordrecht/ Boston/ London: Kluwer Academic Publishers, 2001. p. 255-271.

KNEUBIL, Fabiana Botelho; PIETROCOLA, Maurício. A pesquisa baseada em Design: visão geral e contribuições para o Ensino de Ciências. Investigações em Ensino de Ciências, v. 22, n. 2, p. 1-16, 2017.

LIJNSE, Piet; KLAASSEN, Kees. Didactical Structures as an outcome of research on teaching- learning sequences? International Journal of Science Education, v. 26, n. 5, p. 537-554, 2004.

MATTA, Alfredo Eurico Rodrigues; SILVA, Francisca de Paula Santos da; BOAVENTURA, Edivaldo Machado. Design-Based Research ou pesquisa de desenvolvimento: metodologia para a pesquisa aplicada de inovação em educação do século XXI. Revista FAEEBA – Educação e Contemporaneidade, Salvador, v. 23, n.42, p. 23-36, 2014.

MATTHEWS, Michael Robert. História, Filosofia e Ensino de Ciências: a tendência atual de reaproximação. Caderno Catarinense de Ensino de Física , v. 12, n. 3, p. 164-214, 1995.

MOREIRA, Marco Antonio. Pesquisa básica em Educação em Ciências: uma visão pessoal. In: TEXTO ADAPTADO DE UMA CONFERÊNCIA APRESENTADA NO I CONGRESSO IBERO- AMERICANO DE EDUCAÇÃO EM CIÊNCIAS EXPERIMENTAIS, 2003. Anais [..]. LaSirena, Chile: [s.n.]. p. 1-12.

NIEVEEN, Nienke; FOLMER, Elvira. Avaliação formativa na pesquisa-aplicação em educação. In: PLOMP, Tjeerd et al. Pesquisa-aplicação em educação: uma introdução. Tradução: Emanuel do Rosário Santos Nonato. 1ª. ed. **São Paulo: Artesanato Educacional, 2018.** p. 177-198.

NONATO, Emanuel do Rosário Santos; MATTA, Alfredo Eurico Rodrigues. Caminhos da pesquisa-aplicação na pesquisa em educação. In: PLOMP, Tjeerd et al. Pesquisa-aplicação em educação. 1ª ed. ed. São Paulo: Artesanato Educacional, 2018. p. 13-24.

PIMENTEL, Lorena de Queiroz. Contos em Ensino Investigativo como promotores de capacidades de Pensamento Crítico. 2021. Dissertação (Mestrado em Ensino de Ciências e Matemática) – Universidade Federal de Sergipe. São Cristóvão. 2021.

PLOMP, Tjeerd. Pesquisa-aplicação em educação: uma introdução. In: PLOMP, Tjeerd et al. Pesquisa-aplicação em educação: uma introdução. Tradução: Emanuel do Rosário Santos Nonato. 1ª ed. ed. São Paulo: Artesanato Educacional, 2018. p. 25-66.

SILVA, Luiz Henrique Barros da. Capacidades de Pensamento Crítico em atividades experimentais investigativas: uma perspectiva para a abordagem metodológica da pesquisa em desenvolvimento. 2020. Dissertação (Mestrado em Ensino de Ciências e Matemática)– Universidade Federal de Sergipe. São Cristóvão. 2020.

TENREIRO-VIEIRA, Celina; VIEIRA, Rui Marques. Promover o Pensamento Crítico dos alunos: propostas concretas para a sala de aula. Porto: Porto Editora, 2000.

TENREIRO-VIEIRA, Celina; VIEIRA, Rui Marques. Promover o Pensamento Crítico em ciências na escolaridade básica: propostas e desafios. Revista Latinoamerica de Estudios Educativos, v. 15, n. 1, p. 36-49, 2019.

CAPÍTULO 8

ENSINO DE CIÊNCIAS E RELAÇÕES ÉTNICO-RACIAIS: AS CONTRIBUIÇÕES DAS EPISTEMOLOGIAS DO SUL

Rafael Casaes de Brito
Benedito Gonçalves Eugenio
Catiana Nery Leal

Resumo

Este capítulo analisa as contribuições das Epistemologias do Sul para o ensino e a formação de professores de ciências, destacando sua relevância no contexto das Relações Étnico-Raciais no Brasil. Seguindo uma análise das abordagens históricas do Ensino de Ciências no país, explora-se a interseção entre o Ensino de Ciências e as Relações Étnico-Raciais, destacando como as epistemologias do sul e a sociologia das ausências e emergências podem enriquecer essa discussão. No Ensino de Ciências, as epistemologias do sul possibilitam a articulação de saberes indígenas, campesinos e quilombolas, transformando-os em experiências pedagógicas que valorizam a defesa da vida e dos territórios. Isso contribui para o reconhecimento de saberes historicamente marginalizados. Em resumo, este capítulo destaca a importância das epistemologias do sul no contexto do Ensino de Ciências e das Relações Étnico-Raciais, promovendo uma abordagem mais inclusiva e diversificada no campo da educação científica.

Palavras-chave: Ensino de Ciências. Epistemologias do Sul. Relações Étnico-Raciais.

Introdução

O Ensino de Ciências vem, desde a década de 1990, incorporando diferentes temáticas e teorias das pedagogias críticas. No Brasil uma dessas perspectivas é a pedagogia freireana. Mais recentemente, as epistemologias do sul, proposta pelo sociólogo português Boaventura de Sousa Santos, catedrático da Universidade de Coimbra, tem fornecido possibilidades teórico-metodológicas para o repensar do Ensino de Ciências hierarquizado e eurocêntrico.

Santos (2003) faz uma profunda crítica ao paradigma moderno, modelo científico dominante, dicotômico, dualista e sexista, e propõe um paradigma emergente. Ao hierarquizar e homogeneizar o saber, o paradigma moderno desvaloriza as experiências, as culturas e as multiplicidades (SANTOS, 2003). O conhecimento do paradigma emergente propõe a superação das dicotomias que caracterizam o paradigma dominante da ciência moderna, tais como: No que se refere à relação entre sujeito e objeto, por exemplo, busca romper com a distância entre eles, uma vez que todo conhecimento é autoconhecimento e que a produção do conhecimento e seu produto são inseparáveis.

Os seus estudos apresentam vasta contribuição para diversos campos, como a sociologia, a filosofia e a educação em seus mais diversos aspectos. No campo curricular, por exemplo, Boaventura de Souza Santos contribui com uma argumentação importante para o enfrentamento dos problemas relacionados às formas perversas de exclusão promovidas por uma estrutura escolar monocultural, classista e sexista, na qual são cognitiva e socialmente "injustiçados" alunos e conhecimentos destoantes do padrão dominante (OLIVEIRA, 2012).

Ainda nesta perspectiva e debruçada sobre as ideias de Souza Santos, a intelectual negra brasileira Nilma Lino Gomes (2017) em seu livro "*O Movimento negro educador: saberes construídos nas lutas por emancipação*" aborda o valor epistemológico das lutas do movimento negro brasileiro. Segundo Gomes (2017), o movimento negro é educador porque gera conhecimento novo, que alimenta as lutas e constitui novos atores políticos. Assim, Gomes (2017) propõe a construção da pedagogia das ausências e das emergências, de modo a fazer emergir o protagonismo do movimento negro na relação educação e movimentos sociais, construindo assim uma nova teoria crítica educacional.

De acordo com Gomes (2011), o campo da teoria educacional também lida com dificuldades que, por vezes, impedem a entrada de outras lógicas e racionalidades, geralmente aquelas oriundas dos movimentos sociais. No caso do movimento negro, poderíamos dizer que os saberes por ele produzidos também vivem um processo de não-existência, provocadas pelo racismo, já que não cabem na totalidade e no tempo linear. O que essa realidade indica é que, nesse campo, também se faz necessária uma pedagogia das ausências que desvele que há uma realidade, saberes e lógicas ativamente produzidos pelos movimentos sociais, pela comunidade negra e pelo movimento negro (GOMES, 2011). A superação da carência social, econômica e política causada pelo racismo é colocada pelas ações afirmativas como possibilidade e como projeto e, por isso, está no campo das expectativas sociais. Poderíamos dizer, então, que, no campo da educação, se faz necessário construir uma pedagogia das emergências (GOMES, 2017).

Outro aspecto importante do trabalho de Boaventura de Souza Santos, diz respeito a necessidade de redemocratização da universidade que leve em conta as diferenças étnicas e culturais (SOUZA; PEREIRA; BARBOSA, 2019). No entanto, as instituições que adotam as políticas públicas recebem os recursos, registram a existência dessas políticas e, em suas práticas, elas permanecem fechadas para os diálogos com os grupos que possuem marcas da exclusão social e, principalmente, as especificidades étnicas e culturais; como o caso dos alunos indígenas, quilombolas, ribeirinho, pescadores. Sujeitos localizados no Sul epistêmico (SANTOS, 2007). É justamente nesta perspectiva que o autor propõe a ecologia de saberes que consiste na promoção de espaços em que os saberes ditos leigos possam dialogar com os saberes científicos produzidos pela universidade, promovendo uma nova convivência ativa de saberes no pressuposto que todos eles, incluindo o saber científico, se podem enriquecer nesse diálogo" (SANTOS, 2005, p. 177).

Tendo como referência a ampla produção acadêmica de Boaventura de Souza Santos, a pesquisadora do campo da didática Vera Candau (2017) promove um diálogo acerca das "ideias-força" no pensamento de Souza Santos, como ferramenta de construção multicultural da igualdade e da diferença. Para a autora a escola ocupa papel central e é considerada como uma das principais instituições encarregadas da construção de uma igualdade que termina identificando-se com a padronização e homogeneização de sujeitos considerados "iguais" e dos conhecimentos assumidos como universais. Assim, reforça a hegemonia de um determinado grupo social e a afirmação de que somente um determinado tipo de conhecimento, considerado como científico e universal, é válido e deve fundamentar a educação escolar (CANDAU, 2016).

Santos (2010) defende a ideia de um projeto educativo emancipatório, ou seja, uma educação que potencialize a indignação e a rebeldia, como caminho para ações transformadoras e democráticas como elemento determinante das possibilidades de uma nova sociedade, a partir de um movimento de ação política, o autor defende a ideia de se transformar o conhecimento científico num novo senso comum: o conhecimento emancipação deve romper com o conhecimento conservador (BASTOS; GONÇALVES, 2015).

No campo do Ensino de Ciências, este tem sido praticado a partir de diferentes propostas educacionais, que vão se acumulando de acordo com as reformas políticas na educação, e que reverberam de diversas maneiras nas instituições escolares, e desse modo a ciência conseguiu um lugar importante de destaque em função dos avanços no padrão de poder hegemônico mundial (BRITO; EUGENIO, 2023). Nesse sentido, Dutra, Castro e Monteiro (2019) afirmam que que o Ensino de Ciências possui na sua base a reprodução das colonialidades, onde o Ensino de Ciências possui várias finalidades, a exemplo de ser um instrumento de legitimação das relações de inferiorização de determinados grupos sociais ou étnicos.

Para isso, Verrangia (2010) afirma que frequentemente o Ensino de Ciências colabora com a manutenção das injustiças sociais, o racismo e as desigualdades, de modo que se mantém politicamente neutra. Em contraponto a isso, Boaventura de Souza Santos propõe as Epistemologias do Sul um conjunto de práticas cognitivas desenvolvidas a partir das experiências dos grupos sociais que têm sofrido de maneira sistemática as injustiças do capitalismo, do colonialismo e do patriarcado. As localidades em que se encontram esses grupos são denominadas Sul Global e, segundo Boaventura de Sousa Santos (2007), nesses lugares atuam a lógica de Apropriação (dos recursos naturais, dos conhecimentos tradicionais) e de Violência (física, material, cultural e humana).

Este capítulo objetiva evidenciar as contribuições das epistemologias do sul para o ensino e a formação de professores de ciências. E para isso, organizamos o texto da seguinte forma: na introdução apresentamos a temática que o artigo propõe a discutir, em seguida traçamos as principais abordagens do Ensino de Ciências no Brasil ao longo do tempo; na sessão seguinte articulamos o Ensino de Ciências com as Relações Étnico-Raciais, posteriormente lançamos mão das principais ideias acerca das Epistemologias do Sul e da

Sociologia das ausências e das emergências, e por último as considerações finais.

Abordagens e perspectivas do Ensino de Ciências no Brasil

Quando se propõe a falar sobre a evolução histórica do Ensino de Ciências no Brasil, é importante se atentar para o fato de que as diferentes abordagens praticadas nesse campo de estudo atende a fatores políticos, econômicos e históricos que responde aos acontecimentos no cenário nacional. Esse delineamento temporal é muito bem desenvolvido por Krasilchk (1987) e conhecido como linha do tempo sobre o desenvolvimento do ideário educacional para o Ensino de Ciências.

O Ensino das Ciências Naturais, como Física, Química e Biologia, nem sempre tiveram espaço nas escolas. No Brasil, o Ensino de Ciências está intimamente ligado à tradição jesuíta e à influência portuguesa. A inserção do Ensino de Ciências na escola acontece no início do século XIX quando, segundo Bezerra e Santos (2016) houve a mudança na mentalidade da população quanto à relevância social da Ciência gerada pelos avanços e invenções advindas do desenvolvimento científico, acabaram abrindo espaço para o ensino das Ciências no âmbito formal, escolar. Neste período predominava a visão acadêmica na qual o Ensino de Ciências (EC) objetivava formar cientistas em detrimento de um ensino que ajudasse a solucionar os problemas do cotidiano.

O Ensino de Ciências teve seu crescimento atrelado ao desenvolvimento da tecnologia, visto que essa favorecia o crescimento econômico e cultural, respaldados pela ideia da necessidade de formar uma elite que garantisse a hegemonia norte-americana, com uma escola secundária em que o Ensino de Ciências incentivasse os alunos a seguir carreira científica. Para tanto, verifica-se que a educação em ciências possui na sua base a reprodução das colonialidades, em que o Ensino de Ciências possui várias finalidades, a exemplo de ser um instrumento de legitimação das relações de inferiorização de determinados grupos sociais ou étnicos (DUTRA; CASTRO; MONTEIRO, 2019).

A produção científica e tecnológica no Brasil ideologicamente se consolida por uma forma academicista de fazer ciência, influenciada pelo cenário internacional norte-americano. Segundo Marandino (2002), o que se pode considerar como área de Ensino de Ciências tanto em nível internacional como nacional vem sendo constituída a partir de uma série de programas de pós-graduação, de publicações científicas, mas também da prática pedagógica na escola e dos inúmeros materiais produzidos para auxiliar e promover esta área.

O Ensino de Ciências no Brasil historicamente padece com o autoritarismo e a fata de estabilidade na política nacional. Logo nos anos de 1950 houve um intenso processo de mudanças institucionais atrelado à perspectiva de industrialização, tendo em vista o progresso e o crescimento do país. Um aspecto que marca esse período foi a maneira mecanicista e acrítica de investigar a influência que a ciência exercia na sociedade. Os projetos educacionais tinham algo em comum: as disciplinas científicas foram desenhadas e arranjadas num quadro lógico e estruturado, visando levar o estudante a pensar e agir como cientistas, numa visão positivista de ciência (NARDI; ALMEIDA, 2004).

Influenciada pela Escola Nova de Anísio Teixeira e Fernando de Azevedo, a década de 1960 deixou marcas significativas para o campo de estudos em questão, principalmente com a à promulgação da Lei de Diretrizes e Bases da Educação (LDB) de 1961 que garantiu a inserção do Ensino de Ciências em todas as séries do então curso ginasial. Na concepção de Nardi (2002), apesar da existência de uma nova lei, na educação formal predominava o ensino tradicional, baseado na transmissão de conhecimentos pelos professores por meio de aulas expositivas e na reprodução dessas informações pelos alunos. No currículo havia priorização de conhecimentos em detrimento de outros, pois o objetivo do Ensino de Ciências era formar uma elite branca, masculina e predominantemente rica, a partir de uma visão neutra da ciência. Com relação ao processo de ensino-aprendizagem, os anos 1960 tiveram grande influência dos estudiosos comportamentalistas que defendiam a premissa de que os objetivos do ensino se baseavam na forma de comportamentos observáveis, indicando formas de atingi-los e indicadores mínimos de desempenho aceitável. Foram elaboradas classificações, das quais a mais conhecida, era a que dividia os objetivos educacionais em cognitivo-intelectuais, afetivo-emocionais e psicomotores-habilidades, organizados em escalas hierarquicamente mais complexas de comportamento.

Com a explosão político-social da ditadura militar nos anos de 1970, Krasilchik (2000) enfatiza que o Ensino de Ciências teve o objetivo de vivenciar o método científico a partir da tendência das aulas práticas laboratoriais. Nesse período há a disseminação da escola profissionalizante para a formação do trabalhador, que naquele momento tinha um papel 64 importante no Brasil: o desenvolvimento econômico do país. O currículo passa a ser descaracterizado, modificando o papel da escola. No final da década, a abordagem cognitiva teve seu marco, tendo como base as teorias de Jean Piaget, assinalando a elaboração do conhecimento de forma individual, na relação entre o sujeito e o mundo. Passa assim a ter papel central no processo ensino-aprendizagem da ciência uma perspectiva cognitivista, enfatizando o chamado construtivismo.

Nos últimos anos da década de 1970 há também o início do processo de democratização do ensino e com isso houve uma maior abertura das instituições para as classes menos favorecidas e subalternizadas, como as pessoas negras, as mulheres e de classes com menor poder aquisitivo. Nesse sentido, a escola elitista, centrada nas classes mais abastadas, deveria mudar o seu perfil de ensino-aprendizagem. A escola deveria passar por um momento de mudança paradigmática.

Com o agravamento dos problemas ambientais, a tomada de consciência de muitos intelectuais com relação às questões éticas, a qualidade de vida da sociedade industrializada, a necessidade da participação popular nas decisões públicas, estas cada vez mais sob o controle de uma elite que detém o conhecimento científico e, sobretudo, o medo e a frustração decorrentes dos excessos tecnológicos propiciaram as condições para o surgimento de propostas mais críticas na educação brasileira a partir da década de 1980. No campo educacional, Auler e Delizoicov (2006) apontam que houve nesse período uma reorientação para a educação em ciências, que foi denomina como "Ensino de Ciências na pós mudança conceitual". Nesse novo jeito de ensinar ciências, o ponto de partida para a aprendizagem deve ser as situações-problemas relativas a contextos reais, como por exemplo a relação entre Ciência, Tecnologia e Sociedade (CTS).

Nesse contexto, os pressupostos educacionais de Paulo Freire enraizados na América Latina apontaram para um dimensão ética do Ensino de Ciências. A crença na vocação ontológica do ser humano em ser sujeito histórico e o projeto democrático do fazer educacional, definem a importante perspectiva

Freireana na reinvenção da sociedade, para a construção de um projeto político-educacional construtivista. Assim, "Na medida em que concepções de sociedade e de ciência mudam, perspectivas de ensinar e aprender ciências também se alteram, tendo como finalidade a formação de novos cidadãos" (MARANDINO, 2013, p.4).

É nos anos de 1980 que acontece a intensificação de projetos de educação científica, voltando a impulsionar os grupos de pesquisas originados nas décadas anteriores, favorecendo a formação de novas lideranças de pesquisadores em várias universidades brasileiras, levando 65 a pesquisa em Ensino de Ciências no país a se constituir nos últimos anos como uma importante área acadêmica.

Adentrando nos anos de 1990, o cenário brasileiro passou por transformações no âmbito educacional que aguçaram o fortalecimento de novas concepções para fundamentar a prática educativa. A partir do final dos anos 1990, a educação científica passou a ser considerada uma atividade estratégica para o desenvolvimento do país, sendo esta ideia compartilhada, ao menos verbalmente, pela classe política, por cientistas e educadores, independentemente de suas visões ideológicas.

Em 1996 foi aprovada a nova Lei de Diretrizes e Bases da Educação Nacional (Lei nº 9.394); no ano seguinte, foram elaborados os Parâmetros Curriculares Nacionais; os dois documentos instruíam que a escola tinha papel de formar alunos capazes de exercer plenamente seus direitos e deveres na atual sociedade; que os conteúdos devem ser trabalhados de maneira interdisciplinar e indicando a efetiva inclusão da perspectiva CTS no currículo (BRASIL, 1997, p. 20). A partir desse movimento, começam a ganhar força as discussões acerca da formação inicial e continuada de professores de ciências, tendo em vista essas novas configurações curriculares e propostas educacionais.

Com a intensificação de propostas para a área das Ciências da Natureza, acontece a fundação da Associação Brasileira de Pesquisadores em Ensino de Ciências – ABRAPEC em 1997, com a finalidade de divulgar e socializar a pesquisa em educação em ciências. Mais de vinte programas de Mestrado e Doutorado foram criados a partir desse período e estão direcionados especificamente para formação nesta área. Foram criadas também em 1997, as Diretrizes Curriculares Nacionais para o Ensino Médio (DCNEM) e os Parâmetros Curriculares Nacionais para o Ensino Médio, com objetivo de envolver, de forma combinada, o desenvolvimento de conhecimentos práticos, contextualizados, que respondam às necessidades da vida contemporânea, e de conhecimentos mais amplos e abstratos, que correspondam a uma cultura geral e a uma visão de mundo.

A década de 2000 foi marcada pelas discussões acerca da educação científica, de modo a considerar com maior ênfase a necessidade de haver responsabilidade social por parte de todos os cidadãos. "Aqui as questões acerca da formação cidadãs deveriam ser centrais; questionar sua confiança nas instituições e no poder exercido por elas e por pessoas, ou grupos de pessoas; avaliar o modo de vida pessoal e coletivo e mais que isso, avaliar previamente as consequências de ações e decisões no âmbito da coletividade" (NASCIMENTO; FERNANDES; MENDONÇA, 2010, p. 233).

No ano de 2002, a Secretaria de Educação Média e Tecnológica publicou os Parâmetros Curriculares + Ensino Médio, que também contemplaram, em um de seus volumes, as Ciências da Natureza, Matemática e suas Tecnologias. De acordo com esse documento, o Ensino de Ciências deveria se pautar pela "alfabetização científica". Nesse documento a educação científica implica três dimensões, que são: a aquisição de um vocabulário básico de conceitos científicos, a compreensão da natureza do método científico e a compreensão sobre o impacto da ciência e da tecnologia sobre os indivíduos e a sociedade.

Para Longhini (2012), esse movimento de educação científica ou "alfabetização científica" objetiva a formação de cidadãos capazes de fazer opções conscientes e de estabelecer relações claras entre ciência, tecnologia, sociedade e ambiente (CTSA). A abordagem educacional CTSA, estabelece que que há necessidade de promover uma formação integral e crítica; capacidade de analisar, sintetizar e avaliar informações; tomada de decisão informada; interligação entre ciência e ética. Esta perspectiva enfatiza a compreensão da ciência enquanto produção cultural, possibilitando, ainda, a integração explícita de aspectos éticos e políticos no Ensino de Ciências.

O movimento CTSA chega como uma grande possibilidade para o Ensino de Ciências de modo que venha a inserir nas aulas diversas abordagens temáticas, que historicamente foram subalternizadas pela educação em ciências, como as questões de gênero e sexualidades, as Relações Étnico-Raciais, cultura, diferença como riqueza, bioética, direitos humanos; essas diferentes formas de pensar o mundo estão presentes na escola, e quando tomamos a consciência da importância de se discutir essas temáticas a partir do Ensino de Ciências, se promove uma cordialidade na educação em ciências, ou seja, se estabelece um diálogo entre os conteúdos de ciências com aspectos fundamentais da dignidade humana.

Apesar dos avanços, ainda é marcante o distanciamento entre os pressupostos educativos no Ensino de Ciências e as possibilidades de torna-los concretos, principalmente quando a escola mantém a concepção conservadora e autoritária de ensino e aprendizagem como acumulação de informações e de produtos da ciência e a prevalência de determinadas políticas educacionais fundamentadas em princípios contraditórios a formação crítica dos cidadãos.

Além disso, em tempos atuais de um Brasil gerido por um chefe de Estado fascista que promove e dissemina um negacionismo ideológico frente a fatos cientificamente estudados, e que estabelece como projeto político de sua gestão a necropolítica, testemunhamos o desmonte da ciência e da educação brasileira com a diminuição de verbas que seriam utilizadas pela 67 ciência e tecnologia, e a proliferação de discursos racistas, machistas, segregacionistas, LGBTQI+fóbicos, brancocêntrico e meritocrático pelo ministério da educação.

Todos esses fatos corroboram para que possamos construir e proporcionar um Ensino de Ciências crítico, humanizado e que enxergue as diferenças culturais e de vida como formas de produção de saberes e epistemologias outras, e contribuam para construção de uma educação em ciências intercultural e crítica.

O Ensino de Ciências e as Relações Étnico-Raciais

O conceito biológico de "raças" segundo as Ciências Naturais não se aplica às populações humanas, sendo raça aqui entendido como um conceito social que envolve características físicas e culturais. Na visão de Hall (2003), o conceito de raça é uma categoria discursiva sobre a qual se organiza um sistema de poder socioeconômico, de exploração e exclusão, ou seja, o racismo, e é justamente nesse sentido que nesta pesquisa optamos por abordar o termo racial, já que no Brasil, raça é a categoria que segrega e promove categorizações sociais. Nessa perspectiva, embora a raça não exista biologicamente, isto é insuficiente para fazer desaparecer as categorias mentais que a sustentam (MUNANGA, 2003).

Não podemos negar o enraizamento do racismo na sociedade brasileira, mesmo reconhecendo toda a diversidade étnica e cultural presenta no país. Para tanto, este trabalho assume como compreensão de racismo, o conceito afirmado por Nilma Lino Gomes na obra *Movimento Negro Educador: saberes construídos nas lutas por emancipação*, que se apresenta como uma obra referencial na articulação entre questões Étnico-Raciais, onde a autora afirma que

> O racismo constitui-se um sistema de dominação e opressão estrutural pautado numa racionalidade que hierarquiza grupos e povos baseada na crença da superioridade e inferioridade racial. No Brasil, ele opera com a ideologia de raça biológica, travestida no mito da democracia racial (harmonia racial) que se nutre, entre outras coisas, do potencial da miscigenação brasileira. A ideologia da raça biológica encontra nos sinais diacríticos "cor da pele", "tipo de cabelo", "formato do nariz", "formato do corpo" o seu argumento central para inferiorizar os negros, transformando-os (sobretudo a cor da pele) nos principais ícones classificatório dos negros e brancos no Brasil. (GOMES, 2017, p. 98).

Entretanto, Gomes (2017) salienta que no Brasil houve uma mudança de sentido acerca da ideia de raça pela luta constante do Movimento Negro, que ressignificou e deu uma outra roupagem politizada de modo a transformá-la em uma potência emancipatória, em detrimento da concepção reguladora.

Segundo Verrangia (2016) e Verrangia e Silva (2010), as Relações ÉtnicoRaciais são entendidas como aquelas estabelecidas entre os distintos grupos sociais e entre indivíduos desses grupos, orientadas por conceitos e ideias sobre as diferenças e semelhanças relativas ao pertencimento racial e étnico individual e coletivo. Para isso, foi aprovada a Lei 10.639/2003 (BRASL, 2003) na gestão democrática de Luiz Inácio Lula da Silva, que busca, dentre outras coisas, inserir os conteúdos de matriz africana e afrodescendente no currículo de todas as disciplinas da Educação Básica.

A partir do que pensam Prudêncio e Jesus (2019) a aprovação da lei e a publicação das Diretrizes Curriculares Nacionais para a educação das Relações Étnico-Raciais e para o ensino da história e cultura Afro-brasileira e Africana

(BRASIL, 2004), representam uma resposta para que demandas que surgem na sociedade como a necessidade de se discutir as Relações Étnico-Raciais, o combate ao preconceito e à discriminação adentrem à escola que cada vez mais se torna um espaço de coexistência, mesmo com alguns atritos, entre diversas culturas.

Nos dias atuais, o papel da escola é um assunto controverso, e debatido exaustivamente por diversos pensadores, teóricos, professores e alunos. Na prática, o que se tem observado é que este espaço de poder ainda se preocupa basicamente com a preparação técnica dos alunos para o mercado de trabalho (FRANSCISCO JUNIOR, 2008). Essa premissa para uma escola tecnicista se fez presente também como abordagem para o Ensino de Ciências sobretudo nos anos de 1970, a qual não levava em consideração as diferenças sociais e raciais entre os sujeitos, assume e consolida as desigualdades existentes na sociedade, sejam elas de ordem social, cultural ou étnico-racial. As matrizes curriculares da contemporaneidade contam cada vez mais com conhecimentos que integram um corpus de saber que se refere a um conhecimento técnico e científico, o que favorece o ensino disciplinar.

Os impactos da ausência de uma educação que elabore de um debate afim de construir Relações Étnico-Raciais positivas está presente no Ensino de Ciências, uma vez que esta é uma área cujo a colaboração para uma educação antirracista deveria ser mais efetiva. Nesse sentido, diversas pesquisas no campo do ensino salientam a necessidade de um Ensino de Ciências que abarque a temática racial e que este processo educativo reflita socialmente (SILVA e ARAÚJO, 2021, p. 41).

Verrangia (2010) chama atenção para a frequência com que o Ensino de Ciências colabora com a manutenção do racismo, principalmente tendo em vista que essa forma de conhecimento é comumente percebida como politicamente neutra. Nestes termos, o autor chama atenção sobre a responsabilidade do Ensino de Ciências em enfrentar a realidade de injustiça social/racial existente no Brasil potencializando práticas e procedimentos de trabalho no Ensino de Ciências com Relações Étnico-Raciais.

O racismo científico do século XIX constitui um caso exemplar pode funcionar como uma ferramenta extraordinária para promover a compreensão de como alguns compromissos ideológicos influenciam decisivamente tanto a produção quanto a difusão do conhecimento tecnocientífico, assim como as suas aplicações práticas (SÁNCHEZ ARTEAGA; EL-HANI 2012).

Para Dias (2014), a abordagem do racismo científico do século XIX na Europa e no Brasil pode desenvolver uma forma de análise de como os discursos da biologia desempenharam uma função ideológica sobre as relações inter-raciais no passado, e nesse sentido serve como base para professores e estudantes analisarem as funções ideológicas do conhecimento biológico contemporâneo.

Cheick Anta Diop (1923-1986), também um dos maiores pensadores negros do século XX, já denunciava o racismo da ciência moderna com base europeia. Ele enfrentou a visão eurocêntrica da ciência que colocava a África num lugar de subalternidade. Diop é reconhecido na História da Ciência como um dos principais responsáveis pelo fortalecimento e valorização do legado científico, cultural, material e simbólico dos povos africanos (ROSA; ALVEZ; PINHEIRO, 2020).

A noção da diferença é extremamente importante quando se trata de ensinar Ciências. A construção do conceito de diversidade é crucial para que os estudantes consigam compreender aspectos que vão desde a funcionalidade orgânica e, portanto, fisiológica dos seres vivos, até as questões ambientais, e a de produção do conhecimento nos livros didáticos. É importante salientar o que Veiga-Neto (2010) explica quando trata de diferença e diversidade, afirmando que não são a mesma coisa. O autor constata que "Diferença é constituída na relação com o outro", é decorrente do fato de as pessoas não serem iguais entre si, enquanto que a "[...] diversidade é uma marca sempre visível ou detectável diretamente no corpo". Diferença não pode ser reduzida à diversidade, uma vez que esta última apenas se compromete com a inclusão do outro em um mesmo espaço físico, enquanto que a primeira possibilita a invenção do outro, pois "[...] ser diferente é não ser o mesmo que o outro" (VEIGA-NETO, 2010).

Para isso Verrangia e Silva (2010) apontam alguns caminhos possíveis para inserir a discussão das Relações Étnico-Raciais no currículo de ciências: a) impacto das Ciências Naturais na vida social e racismo; b) Superação de estereótipos, valorização da diversidade e Ciências Naturais; c) África e seus descendentes e o desenvolvimento científico mundial; d) Ciências, mídia e Relações Étnico-Raciais; e) Conhecimentos tradicionais de matriz africana e afro-brasileira e Ciências. Estas temáticas podem ser adequadamente mediadas em sala de aula, entretanto não é uma tarefa fácil para o professor que foi formado a partir de um currículo eurocentrado e uma universidade racistas.

Para Jesus, Paixão e Prudêncio (2019), um dos caminhos que possibilitam a reflexão crítica sobre as questões supracitadas é a incorporação do ensino da cultura de todos os povos que constituem o Brasil, uma vez que a proposta não é substituir a educação eurocêntrica por outra, africana, mas possibilitar que todos esses conhecimentos sejam abordados no ambiente escolar de maneira que sensibilize a população sobre o quão necessário é respeitar as diferenças étnico-raciais e o reconhecimento da história do povo negro para além da escravidão.

Nesse sentido, considera-se que a formação de professores de ciências se apresenta como uma necessidade para a desmistificação de determinados conceitos e ideias que estejam atreladas ao cientificismo hegemônico, afim de proporcionar uma articulação com outras formas de saberes.

As epistemologias do sul e a sociologia das ausências e emergências

Na contemporaneidade, as mais repugnantes e cruéis formas de desigualdade, descriminação e subalternização social estão se tornando politicamente aceitáveis. Desse modo, a política dominante torna-se epistemológica quando é capaz de defender de forma ativa que o único conhecimento válido que existe é aquele que ratifica sua própria supremacia (SANTOS, 2021, p. 7). Segundo Santos, Meneses e Nunes (2004), a entrada no século XXI assinala, de forma permanente, a necessidade de uma mudança nos projetos epistémicos, seja qual for a sua origem. Este desafio, numa altura em que as relações Norte-Sul e Sul-Sul ocupam cada vez mais visibilidade, tem vindo a gerar um renovar de interrogações sobre a produção e apropriação do conhecimento científico e sobre as relações deste conhecimento com outras práticas de saber.

O moderno pensamento científico insiste em funcionar através da imposição de uma fratura abissal, dividindo o mundo em duas partes (SANTOS, 2007): o mundo moderno ocidental, de um lado, e os espaços coloniais, da tradição, dos indígenas, nos negros, do outro. As realidades que ocorriam no espaço colonial não comportavam as normas, os conhecimentos, as práticas aceites no velho mundo civilizado. Criou-se assim um princípio universal de desqualificação dos saberes presentes nas várias colónias, transformando estes conhecimentos em um saber local, tradicional, circunscrito ao espaço dos 'trópicos' (MENESES, 2013).

O mais característico desse modo de pensamento é sua lógica de exclusão. Não há possibilidade de copresença dos dois lados da linha, dado que, para haver prevalência, um dos lados necessariamente esgota todo o campo da realidade relevante (SANTOS, 2010). Nesse sentido, são elucidativas as palavras de Santos (SANTOS, 2010, p. 39): "A negação de uma parte da humanidade é sacrificial, na medida em que constitui a condição para a outra parte da humanidade se afirmar enquanto universal".

Quando Boaventura de Souza Santos (2002, 2010) menciona a expressão Epistemologias do Sul, o sentido metafórico dado pelo autor está carregado de sentidos que nada se assentam ao simples sentido geográfico, mas sim ao sistema capitalista de dominação hegemônica que classifica os sujeitos e causa sofrimento. Para isso, ele procura estabelecer inúmeras formas de interpretação do mundo e produção de conhecimentos a partir de um outro lugar, o Sul epistêmico. As Epistemologias do Sul se propõem à tarefa de responder aos seguintes questionamentos:

> Por que razão, nos dois últimos séculos, dominou uma epistemologia que eliminou da reflexão epistemológica o contexto cultural e político da produção e reprodução do conhecimento? Quais foram as consequências de uma tal descontextualização? São hoje possíveis outras epistemologias?" (SANTOS; MENESES, 2010, p. 7).

As Epistemologias do Sul se apresentam como uma possibilidade de relação mais íntima entre as práticas sociais, uma contraproposta as narrativas produzidas pela branquitude europeia que deram origem ao epistemicídio (inexistência de determinados conhecimentos) provocado pelo projeto de modernidade europeu a partir do século XV). Santos (2021) define as Epistemologia do Sul como a produção e a validação de conhecimentos ancorados nas experiências de resistências de todos os grupos sociais que têm sido vítimas de injustiça, da opressão e da destruição causada pelo capitalismo, pelo colonialismo e pelo patriarcado (SANTOS, 2021, p. 17).

O objetivo das Epistemologias do Sul é permitir que os grupos sociais oprimidos possam representar o mundo como seu e nos seus próprios termos, pois apenas desse modo poderão transformar de acordo com os seus próprios termos e aspirações. A partir do que pensa Santos, o mundo vive sobre uma única lógica obcecada por uma história inventada a qual chama de razão metonímica; essa lógica é a que governa os pensamentos, os comportamentos e propõe a homogeneização de um todo. Santos e Menezes elucidam que as Epistemologias do Sul:

> Trata-se do conjunto de intervenções epistemológicas que denunciam a supressão dos saberes levada a cabo, ao longo dos últimos séculos, pela norma epistemológica dominante, valorizam os saberes que resistiram com êxito e as reflexões que estes têm produzido e investigam as condições de um diálogo horizontal entre conhecimentos. A esse diálogo entre saberes chamamos ecologias de saberes (SANTOS; MENESES, 2010, p. 7).

Os conhecimentos resgatados pelas Epistemologias do Sul são culturalmente intrínsecos a determinadas práticas – as de resistência contra a opressão. As Epistemologias do Sul são uma proposta que denuncia a lógica que sustentou a soberania epistêmica da ciência moderna, uma lógica que se desenvolveu com a exclusão e o silenciamento de povos e culturas que, ao longo da História, foram dominados pelo capitalismo e colonialismo.

O pensamento hegemônico invisibiliza corpos, sujeitos, formas de viver, pensar e enxergar o mundo, de modo que produziu ausências; a ausência nesse sentido faz menção aquilo que não existe, o que na verdade se põe desse modo pois é produzido como não existente. A essa ideia, Santos (2004) chama de sociologia das ausências, e enfatiza que a produção das ausências acontece pela lógica dicotômica e totalitária europeia, que encaixota aquilo que considera válido, e o que não está presente é reduzido a não existência.

Para isso, Boaventura de Souza Santos elenca cinco modos ou lógicas de produção da não-existência. A primeira lógica deriva da monocultura do saber e do rigor do saber. Esta é a produção de não-existência mais poderosa, pois consiste na transformação da ciência moderna e da alta cultura em critérios únicos de verdade e de qualidade estética. A não-existência assume aqui uma forma de ignorância ou de incultura (SANTOS, 2010).

A segunda lógica se assenta na monocultura do tempo linear, a qual propõe que a história tem sentindo e direção únicos e conhecidos. Esse sentido e direção tem sido formulados de diversas formas nos últimos duzentos anos com o progresso, a revolução, modernização, desenvolvimento, crescimento e globalização. Aqui se aplica a ideia de que o tempo é linear, que a frente do tempo estão os países centrais do sistema mundial, e com eles os conhecimentos, as instituições e as formas de sociabilidade que neles dominam (SANTOS, 2010).

A terceira lógica é a da classificação social que se sustenta na monocultura da naturalização das diferenças. Consiste na distribuição das populações por categorias que naturalizam hierarquias. A classificação racial e a classificação sexual são as mais salientes manifestações desta lógica. A relação de dominação é a consequência e não a causa dessa hierarquia e pode ser mesmo considerada como uma obrigação de quem é classificado como superior (SANTOS, 2010).

A quarta lógica de produção é a lógica da escala dominante, nos termos dessa lógica, a escala adotada como primordial determina a irrelevância de todas as outras possíveis escalas. Na modernidade ocidental, a escala dominante aparece sobre duas formas principais: o universal e o global. No âmbito desta lógica, a não-existência é produzida sob a forma do particular e do local. As entidades ou realidades definidas como particulares ou locais estão aprisionadas em escalas que incapacitam de serem alternativas credíveis ao que existe de modo universal e global (SANTOS, 2010).

A quinta e última lógica de não-existência é a lógica produtivista, se apresenta na monocultura dos critérios de produtividade capitalista. Nos termos desta lógica o crescimento econômico é um objetivo racional inquestionável e desse modo também é inquestionável o critério de produtividade que se aplica tanto à natureza quanto ao trabalho humano. Assim, a natureza produtiva é a natureza fértil ao máximo num dado ciclo de produção, sendo o trabalho produtivo este que maximiza a geração de lucros. Segundo esta lógica a não-existência é produzida sobre a forma do não produtivo, que aplicada a natureza, é esterilidade e, aplicada ao trabalho, é preguiça ou desqualificação profissional (SANTOS, 2010).

São assim as cinco principais formas sociais de não-existência produzidas ou legitimadas pela razão metonímica a partir do que pensa Boaventura de Souza Santos em seu livro "A Gramática do tempo – para uma nova cultura política", onde o ignorante, o residual, o inferior, o local, e o improdutivo se apresentam como formas de inexistência, porque as realidades que elas conformam estão apenas presentes como obstáculos as realidades que contam como importantes. A produção social desses ausências resulta na subtração do mundo e na contração do presente e portanto um desperdício de experiência.

A Sociologia das ausências parte de duas indagações. A primeira respeita as razões pelas quais uma concepção tão estranha e tão excludente obteve tanta primazia. A segunda visa identificar os modos de confrontar e superar essa concepção de totalidade e a razão metonímica que a sustenta. Assim a sociologia das ausências é transgressora de modo que contrai o presente e expande o futuro tornando-o vazio, há a necessidade de fazer o caminho inverso, o que podese entender como a Sociologia das Emergências, neste sentido, se apresenta como possibilidade. Para isso, a sociologia das ausências amplia o presente como procedimento de ampliação dos saberes, das práticas e dos agentes, identificando neles potencialidades futuras (SANTOS, 2004; GOMES, 2017).

A Sociologia das Emergências é a investigação das alternativas que cabem no horizonte das possibilidades concretas, e além disso consiste em proceder a uma ampliação simbólica dos saberes, práticas e agentes de modo a identificar neles as tendências de futuro sobre as quais é possível atuar para maximizar as probabilidades de esperança em relação a probabilidade da frustração. Santos (2021) enfatiza ainda que a Sociologia das Emergências atua sobre as possibilidades e potencialidades, mas não tem direção, já que tanto pode terminar em esperança como em desastre, desse modo a sociologia das emergências substitui a ideia mecânica de determinação pelo valor do cuidado. O elemento subjetivo da sociologia das emergências é a consciência emancipatória e o inconformismo diante de uma carência cuja satisfação está no horizonte de possibilidades (SANTOS, 2021, p. 118).

A perspectiva de construção de uma nova racionalidade, proposto por Boaventura de Sousa Santos, se fundamenta basicamente em três ideias: a experiência social em todo o mundo é muito mais ampla e diversificada do que a tradição científica conhece e considera importante; esta riqueza de experiência está a ser desperdiçada e para se combater o desperdício dessas experiências faz-se necessário propor um modelo diferente de racionalidade (SANTOS, 2002).

Este modelo de racionalidade a que o autor se refere nada mais é do que uma crítica à ciência ocidental ao longo de no mínimo duzentos anos, conhecida como razão indolente. Para isso, Boaventura propõe uma outra possibilidade, a racionalidade cosmopolita. Essa racionalidade no campo educacional pode ser apresentada a partir das cinco ecologias. Para Boaventura de Souza Santos (2002;2004), a sociologia das ausências opera de tal modo que visa a substituição das monoculturas por ecologias. Desse modo identificam-se cinco ecologias.

A primeira delas é a ecologia de saberes, que na visão de Santos (2021) tende a promover o diálogo entre vários saberes que podem ser considerados úteis para o avanço das lutas sociais e pelos que nelas intervêm. Ela se realiza em contextos de diálogo prolongado, calmo, tranquilo. Um processo democrático. A ecologia dos saberes parte do pressuposto de que todas as práticas relacionais entre seres humanos e também entre os seres humanos e a natureza implicam mais do que uma forma de saber e, portanto, de ignorância. A ecologia de saberes permite não só superar a monocultura do saber científico, como a ideia de que os saberes não científicos são alternativos ao saber científico e sim visa criar um nova forma de relacionamento entre o conhecimento e outras formas de conhecimento.

A segunda ecologia é a chamada de ecologia das temporalidades, aqui se estabelece a a ideia de que o tempo linear é uma entre muitas concepções do tempo e de que, se tomarmos o mundo como nossa unidade de análise, não é sequer a concepção mais praticada. O domínio do tempo linear não resulta da sua primazia enquanto concepção temporal, mas da primazia da modernidade ocidental que o adoptou como seu. Neste domínio, a sociologia das ausências visa libertar as práticas sociais do seu estatuto de resíduo, restituindo-lhes a sua temporalidade própria e, assim, a possibilidade de desenvolvimento autónomo. Uma vez libertada do tempo linear e entregue à sua temporalidade própria, a atividade do camponês africano ou asiático deixa de ser residual para ser contemporânea (SANTOS, 2021).

A ecologia dos reconhecimentos é a terceira proposta de Santos (2021), nela o autor aposta como a grande possibilidade de ir contra a lógica da classificação social. A colonialidade do poder capitalista insiste em identificar diferenças com desigualdade, e ao mesmo tempo que se autoprivilegia em determinar quem é igual e quem é diferente. A ecologia das diferenças torna-se mais necessária à medida que aumenta a diversidade social e cultural dos sujeitos coletivos que lutam pela emancipação social, a variedade das formas de opressão e de dominação contra as quais combatem. Nesse sentido, a ecologia das diferenças deve ser feita de reconhecimentos recíprocos.

A ecologia das trans-escalas é a quarta ecologia proposta pelo autor. Nela se propõe desvendar a existência de uma globalização alternativa, contra hegemônica, com a existência de aspirações universais alternativas de justiça social, dignidade, respeito mútuo, solidariedade, comunidade, espiritualidade. A sociologia das ausências opera aqui desglobalizando o local em relação à globalização hegemônica, de modo que exige o exercício da imaginação cartográfica, quer para ver em cada escala de representação não só o que ela mostra, mas também o que ela oculta, quer para lifar com os mapas cognitivos que operam simultaneamente com diferentes escalas (SANTOS, 2002).

No domínio da quinta lógica, traz-se a ecologia das produtividades consiste na recuperação e valorização dos sistemas alternativos de produção, das organizações econômicas populares, das cooperativas operárias, das empresas autogeridas, da economia solidária, tudo o que o sistema capitalista produtivista ocultou ou descredibilizou. Aqui podemos citar os movimentos dos camponeses pelo acesso à terra, movimentos urbanos pelo direito a habitação, movimentos econômicos populares, movimentos indígenas para defender ou recuperar os seus territórios históricos e o movimento negro que luta contra o racismo estrutural.

Enquanto a sociologia das ausências se move no campo das experiências sociais, a sociologia das emergências move-se no campo das expectativas sociais. A discrepância entre experiência e expectativa é constitutiva da modernidade ocidental. Podemos citar aqui ainda o trabalho de tradução, que caminha na perspectiva complementar da sociologia das ausências e emergências, e que visa criar inteligibilidade, coerência e articulação num mundo enriquecido por multiplicidade e diversidade. A tradução é simultaneamente um trabalho intelectual e um trabalho político.

Nilma Lino Gomes dialoga com as propostas de Boaventura e transpõe suas ideias para a elaboração do conceito de pedagogia das ausências e das emergências a partir das lutas do Movimento Negro brasileiro. Para Gomes (2017), há uma realidade, saberes e lógicas ativamente produzidos pelos movimentos sociais, pela comunidade negra e pelo movimento negro. Na construção de uma pedagogia das ausências e das emergências cabe destacar que o acúmulo de saberes produzidos pelo movimento negro faz parte de uma história ancestral de luta e resistência que ganha ainda mais força na sua demanda pela educação a partir do início do século XX. Ainda sobre tal concepção, a autora enfatiza:

> A pedagogia das ausências consiste em um exercício político e epistemológico cujo objetivo principal é transformar as ausências e a invisibilidade que recaem sobre os movimentos sociais e seus saberes - no campo da formação de professores(as) - em presenças. No entanto, não basta apenas dar visibilidade. É preciso reconhecer o que emerge de novo e de emancipatório dessas práticas. (GOMES, 2017, p.99).

Este conceito se conecta com as questões educacionais através da denominada Pedagogia decolonial. Decolonizar, significaria então, no campo da educação, uma práxis baseada numa insurgência educativa propositiva – portanto não somente denunciativa. Em outros termos, a construção de uma noção e visão pedagógica que se projeta muito além dos processos de ensino e de transmissão de saber, uma pedagogia concebida como política cultural.

Para Gomes (2008), o movimento negro brasileiro tem se destacado na história do País como sujeito político cujas reivindicações conseguiram, a partir do ano 2000, influenciar o governo brasileiro. É nesse campo que encontramos as práticas significativas voltadas para a diversidade étnico-racial e a lei 10.639/03. No caso específico dessa lei - entendida como uma medida de ação afirmativa - o Movimento Negro, ao pleiteá-la, investe estrategicamente na ampliação do presente, juntando, ao real, as possibilidades e as expectativas futuras de superação do racismo e do mito da democracia racial.

O movimento negro (MN) se constitui enquanto organização política e de pressão social, e tem sido um dos principais mediadores entre comunidade negra, o Estado, a sociedade, a escola básica e a universidade, organizando saberes específicos construídos pelo povo negro ao longo da história. O MN brasileiro traz para a roda de discussões, e escancara a face mais perversa da modernidade: todo o sofrimento humano distribuído de forma desigual pelo mundo, causando desperdício e invisibilização de conhecimentos por meio do pensamento abissal.

Para Santos (2007; 2014) a linha abissal que divide o mundo impede a presença mutua do universo "deste lado da linha" com o universo "do outro lado da linha". Do lado de lá, não estão os excluídos, mas os seres sub-humanos não candidatos à inclusão social. A negação dessa humanidade é essencial à constituição da modernidade, uma vez que é condição para que o lado de cá possa afirmar a sua universalidade. A monoculturalidade definida pelo lado de cá da linha abissal, faz com que os saberes e as práticas do outro lado desapareçam.

A sociologia das ausências e a sociologia das emergências são exercícios fundamentais de superação do pensamento abissal, operando na substituição das monoculturas por ecologias. Essas ideias-chave, são constatações elencadas a partir das Epistemologias do Sul, ao passo que surgem como uma proposta epistemológica subalterna, insurgente, resistente, alternativa contra um projeto de dominação capitalista, colonialista e patriarcal, que continua a ser hoje um paradigma hegemônico.

Considerações finais

O movimento decolonial ainda está em consolidação no campo tanto da educação quanto do ensino, evidenciado pelo aumento de pesquisas nos cursos de pós-graduação stricto sensu e de publicações em formato de livros e artigos. Da mesma forma, as epistemologias do sul vem sendo empregada a partir da década de 2010.

Brito e Eugenio (2023), em artigo que mapeou dissertações e teses sobre as Relações Étnico-Raciais no Ensino de Ciências, apontam lacunas e temáticas emergentes que tem empregado os aportes das epistemologias do sul e da decolonialidade na educação formal. A utilização das epistemologias do sul pode contribuir para a discussão da ecologia de saberes, principalmente considerando nossas escolas indígenas, quilombolas, da educação de jovens e adultos e a necessidade de interrelação de saberes científicos com os saberes outros.

As epistemologias do sul, no caso específico do Ensino de Ciências, auxiliam a articular os saberes indígenas, campesinos, quilombolas, dentre outros, a converter-se, no cotidiano da sala de aula e nos cursos de formação de professores em experiências transformadoras, que sinalizem para a construção de outras práticas política-pedagógicas que se convertam em conhecimentos articulados às lutas pela defesa da vida e dos territórios, promovendo, assim, o reconhecimento desses saberes que historicamente foram silenciados.

Nesse processo, muitos conteúdos que compõem o currículo de ciências em articulação com as epistemologias do sul e as pedagogias latino-americanas, a exemplo da educação ambiental, a etnobotânica, o corpo humano, dentre outros, apresentam potencial para romper com a lógica da colonialidade do saber que valoriza um único saber considerado universal e consensual.

REFERÊNCIAS

AULER, D. DELIZOICOV, D. Ciência-Tecnologia-Sociedade: relações estabelecidas por professores de ciências. Revista Electrónica de Enseñanza de las Ciencias, vol. 5, n.2, 2006.

BASTOS, Roberta Freire; GONÇALVES, Thalita Maias. Contribuições de Boaventura de Sousa Santos para a educação brasileira. Pró-Discente: Caderno de Prod. Acad.-Cient. Prog. Pós-Grad. Educ., Vitória-ES, v. 21, n. 2, p. 26-38, jul./dez. 2015.

BEZERRA, D. B. SANTOS, A. C. O Ensino de Ciências e a educação de jovens e adultos: diálogos e pressupostos epistemológicos. Educon, Aracaju, vol.10, n. 01, p.1-11, set/2016.

BRASIL, Lei nº 10.639, de 09 de janeiro de 2003. Altera a Lei no 9.394, de 20 de dezembro de 1996, que estabelece as diretrizes e bases da educação nacional, para incluir no currículo oficial da Rede de Ensino a obrigatoriedade da temática “História e Cultura Afro-Brasileira”, e dá outras providências. Brasília, 2003.

BRASIL, Ministério da Educação/Secad. Diretrizes curriculares nacionais para a educação das Relações Étnico-Raciais e para o ensino de história e cultura afro-brasileira e africana na educação básica. 2004.

BRITO, R.C.; EUGENIO, B.G. O Ensino de Ciências e as Relações Étnico-Raciais em dissertações e teses (2009-2021): entre ausências e emergências. Revista REAMEC, Cuiabá/MT, v. 11, n. 1, e23028, jan./dez., 2023.

CANDAU, Vera Maria Ferrão. “Ideias-força” do pensamento de Boaventura Sousa Santos e a educação intercultural. Educação em Revista|Belo Horizonte|v.32|n.01|p. 15-34 |Janeiro-Março, 2016.

DIAS, T. L. S. Ciência, raça e literatura: as contribuições de uma exposição itinerante para educação das Relações Étnico-Raciais. 125f. Dissertação (Mestrado em Ensino,

Filosofia e História das Ciências) – Faculdade de Educação, Universidade Federal da Bahia, Salvador, 2017. Disponível em:< https://repositorio.ufba.br/ri/handle/ri/31287>

DUTRA, D. S. A. CASTRO, D. J. F. A. MONTEIRO, B. A. P. Educação em Ciências e decolonialidades:em busca de caminhos outros. In: MONTEIRO, Bruno A. P; DUTRA, Débora S. A; CASSIANI, Suzani; SANCHEZ, Celso; OLIVEIRA, Roberto D. V. L (Org.). Decolonialidades na Educação em Ciências. 1. ed. São Paulo: Livraria da Física. 2019. p. 1-17.

FRANCISCO JÚNIOR, Wilmo Ernesto. Educação anti-racista: reflexões e contribuições possíveis do Ensino de Ciências e de alguns pensadores. Ciência & Educação, v. 14, n. 3, p. 397-416, 2008.

GOMES, Nilma Lino. Diversidade étnico-racial Por um projeto educativo emancipatório. Revista Retratos da Escola, Brasília, v. 2, n. 2-3, p. 95-108, jan./dez. 2008.

GOMES, Nilma Lino. O movimento negro educador. Saberes construídos na luta por emancipação. Petrópolis, RJ: Vozes, 2017.

GOMES, Nilma Lino. O movimento negro no Brasil: ausências, emergências e a produção dos saberes. Política & Diversidade, volume 10, n.18, abril de 2011.

HALL, Stuart. Da Diáspora: identidade e mediações culturais. Belo Horizonte: Ed. UFMG, 2003.

JESUS, Jeobergna de; PAIXÃO, Marília Costa Santos da; PRUDÊNCIO, Christiana Andréa Vianna. Relações Étnico-Raciais e o Ensino de Ciências: um mapeamento das pesquisas sobre o tema. Rev. FAEEBA – Ed. e Contemp., Salvador, v. 28, n. 55, p. 221-236, maio/ago, 2019.

KRASILCHIK, M. O professor e o currículo das ciências. São Paulo, EPU/Edusp, 1987.

KRASILCHIK, M. Reformas e Realidade: o caso do Ensino de Ciências no Brasil. São Paulo em perspectiva, 2000.

LONGHINI, I.M. Diferentes contextos do ensino de biologia no brasil de 1970 a 2010. Educação e Fronteiras On-Line, Dourados/MS, v.2, n.6, p.56-72, set./dez. 2012. Disponível em: https://ojs.ufgd.edu.br/index.php/educacao/article/view/1801. Acesso em: 19 de ago. 2021.

MARANDINO, Marta. Educação, ciência e extensão: a necessária promoção. Revista De Cultura e Extensão USP, 9, 89-100, 2013.

MARANDINO, Marta. Tendências teóricas e metodológicas no Ensino de Ciências. São Paulo, USP, 2002.

MENESES, Maria Paula. Para ampliar as Epistemologias do Sul: verbalizando sabores e revelando lutas. Configurações Revista de Sociologia[online], 12, 2013.

MUNANGA, Kabengele. Uma abordagem conceitual das noções de raça, racismo, identidade e etnia. Palestra proferida no 3º Seminário Nacional Relações Raciais e Educação-PENESB-RJ, 2003.

NARDI, R. Origens e evolução da pesquisa em Educação em Ciências no Brasil: uma retrospectiva histórica. *In*: VALE, J.M. et allii (Orgs.) Escola Pública e Sociedade. São Paulo, Editora Saraiva, 2002, v.1, p.218-236.

NARDI, R.; ALMEIDA, M. J. P. M. Formação da área de Ensino de Ciências: memórias de pesquisadores no Brasil. Revista Brasileira de Pesquisa em Educação em Ciências, Porto Alegre, v. 4, n. 11, p. 90-100, 2004.

NASCIMENTO, F. FERNANDES, H. L. MENDONÇA, V. M. O Ensino de Ciências no Brasil: história, formação de professores e desafios atuais. Revista HISTEDBR On-line, Campinas, n.39, p. 225-249, set, 2010.

OLIVEIRA, Inês Barbosa. Contribuições de Boaventura de Sousa Santos para a reflexão curricular: princípios emancipatórios e currículos pensadospraticados. Revista e-curriculum, São Paulo, v.8 n.2, 2012.

PRUDÊNCIO, C. A. V.; JESUS, J. de. As Relações Étnico-Raciais e o Ensino de Ciências: visão de professores de Itabuna-BA. Com a Palavra, o Professor, [S. l.], v. 4, n. 9, p. 186–209, 2019.

ROSA, K. ALVES, A. PINHEIRO, B. C. S. Pós-verdade para quem? Fatos produzidos por uma ciência racista. Caderno Brasileiro de Ensino de Física, v. 37, n.3, p. 1440 -1468, dez. 2020.

SÁNCHEZ-ARTEAGA, J. M.; EL-HANI, C. N. Othering processes and STS curricula: From nineteenth century scientific discourse on interracial competition and racial extinction to othering in biomedical technosciences. Science & Education, v. 21, n. 5, p. 607-629, 2012.

SANTOS, B. S.; MENESES, M. P.; NUNES. J. A. "Introdução: para ampliar o cânone da ciência: a diversidade epistemológica do mundo". In: SANTOS, B. S. (Orgs.).

Semear outras soluções: os caminhos da biodiversidade e dos conhecimentos rivais. Porto: Afrontamento, 2004.

SANTOS, B. S. Renovar a teoria crítica e reinventar a emancipação social. São Paulo: Boitempo, 2007.

SANTOS, Boaventura de Sousa. A gramática do tempo: Para uma nova cultura política. São Paulo: Cortez, 2006.

SANTOS, Boaventura de Sousa. A Universidade no Séc. XXI: Para uma Reforma Democrática e Emancipatória da Universidade. Educação, Sociedade & Culturas, n. 23, p. 137-202, 2005.

SANTOS, Boaventura de Sousa. Para além do Pensamento Abissal: das linhas globais a uma ecologia de saberes, In: SANTOS, Boaventura de Souza; MENESES, Maria Paula (Orgs.). Epistemologias do Sul. São Paulo: Cortez, 2010.

SANTOS, Boaventura Sousa. Para uma sociologia das ausências e uma sociologia das emergências. Revista Crítica de Ciências Sociais, 63, Outubro, pp. 237-280, 2002.

SANTOS, Boaventura Souza. MENEZES, Maria Paula (Orgs.). Epistemologias do Sul. São Paulo: Cortez, 2010.

SILVA, J. A. ARAÚJO, M. L. F. Education for Ethnic-racial Relations in the New Curriculum Guidelines and in the Common National Base for the Initial Training of Brazilian Teachers: Implications for the Teaching of Anti-racist Science and Biology. Science Education International, vol. 32, n.4, p. 374-383, 2021.

VEIGA-NETO, A. Biopoder e dispositivos de normalização: implicações educacionais. Simpósio Internacional IHU, 11., 2010, São Leopoldo. Anais... São Leopoldo: O (des)governo biopolítico da vida humana, Casa Leiria, 2010. p. 10-24.

VERRANGIA, Douglas. Criações docentes e o papel do Ensino de Ciências no combate ao racismo e a discriminações. Educação Em Foco, vol.21, n.1, p.79–103, 2016.

VERRANGIA, Douglas; SILVA, Petronilha Beatriz Gonçalves e. Cidadania, relações etnicoraciais e educação: desafios e potencialidades do Ensino de Ciências. Educação e Pesquisa, São Paulo, v. 36, n. 3, p 705-718, 2010.

CAPÍTULO 9

A ABORDAGEM ETNOGRÁFICA: CONTRIBUIÇÕES PARA O LETRAMENTO CIENTÍFICO

Suelem Maquiné Rodrigues
Raquel Crosara Maia Leite

Resumo

O objetivo desse capítulo é apresentar os fundamentos da pesquisa etnográfica voltada para o Ensino de Ciências a fim de contribuir para as práticas do letramento científico. Destacando a teoria dos multiletramentos advinda das ciências linguísticas em genuíno diálogo com o Ensino de Ciências. Os estudos etnográficos voltados para os letramentos, distancia-se da epistemologia tradicional do Ensino das Ciências Naturais, converge rumo às práticas empiristas e humanistas. O letramento científico, em destaque, dialoga com o repertório de mundo do alunado, considerando-os como atores sociais, construtores dos significados e representações dos saberes científicos em sociedade.

Palavras-chave: Etnografia; Ensino de Ciências; Letramento; Letramento Científico.

INTRODUÇÃO

A etnografia, de acordo com Peirano (2018), propõe diálogos entre observação, experiência, pesquisa, ciência, dentre outros saberes e questões transdisciplinares constituindo em uma forma de saberes construídos coletivamente, dessa forma, estará sempre em construção .Assim, estudos etnográficos podem contribuir de forma significante para perceber discursos científicos que permeiam os meios comuns a fim de compreendê-los de forma organizada e sistemática. Aproximando-se, muitas vezes, de enunciados antes considerados "não científicos" que fazem parte das complexas relações entre Ciências e sociedade.

Cientes deste contexto, entendemos ser de fundamental importância refletir sobre a pesquisa de abordagem etnográfica na educação e a teoria de multiletrametos, ambos colaboram para construção do saber científico humanizado, portanto, estar em sintonia com o contexto social e as especificidades de seus alunos são fatores indispensáveis ao êxito do processo de ensino-aprendizagem.

Letramentos são uma das práticas sociais mais importantes para construção do pensamento crítico, conforme Rojo (2013). Esse pensamento faz parte, em sua gênese a inclusão que se configura pela diversidade, sempre tão contemplada pelas Ciências ao longo dos tempos.

É urgente a implementação do Ensino das Ciências da natureza em um franco diálogo com a teoria e a prática de multiletramentos a ponto de promover um Ensino de Ciências da natureza que não ignora as especificidades dos alunos e que, em simultâneo, dialoga com aspectos globais, que Rojo (2013) chama de repertório de mundo.

Estudos linguísticos que abordam o conceito de letramento enfatizam que a escola não pode ignorar o repertório de mundo do aluno, ou seja, estabelecer um franco diálogo com a cultura local, contextos e singularidades que o aluno traz para sala de aula. Isso é uma das bases para as pesquisas de cunho etnográfico que dialogam com a Ciência, visando promover o letramento científico.

O MÉTODO ETNOGRÁFICO E A EDUCAÇÃO

A educação é uma temática que sempre está no foco das discussões sociais. Há sempre novas abordagens, diferentes pontos de vista, dentre outros aspectos mutáveis que, muitas vezes, os próprios profissionais da educação não conseguem acompanhar a contento, por isso, cada vez mais são adotadas diferentes metodologias para compreendê-la. Diante do contexto educacional complexo, torna-se um desafio a busca de um método que melhor atenda aos objetivos das pesquisas educacionais. Muitas vezes, a escolha metodológica é direcionada a partir das vivências em sala de aula, conversas com profissionais e outras observações no lócus da pesquisa. Desse modo, compreendemos a escola, os educandos e os educadores como elementos imbricados e agentes do processo investigativo.

Desse modo, quando desejamos estabelecer uma investigação a partir de um senso interpretativo, dado o contexto social da pesquisa, em constante diálogo com a cultura da sala de aula, formação dos professores, destacando-se o seu viés proeminentemente qualitativo, um dos caminhos pelos quais poderemos trilhar é a pesquisa com base etnográfica.

Se nos voltarmos para o contexto de pesquisa em educação, a forma como os professores recebem seus alunos em sala de aula evidencia muitos aspectos sociais, não somente questões educativas, linguísticas, inclusivas. Há muitas relações sociais imbricadas que implicam comportamentos, posturas, escolhas. É isso que vem sendo buscado pela pesquisa etnográfica na educação: perceber, interpretar e entender os significados que permeiam o universo pesquisado para gerar reflexões e reestruturações que se apresentem necessárias.

Ao realizarmos nossas leituras e estudos acerca da educação, entendemos o quanto é importante uma análise holística e dialética dessas múltiplas relações no contexto educacional e escolar, no qual, na maioria das vezes, há uma troca de experiências, saberes e valores culturais que são desnudados.

De acordo com Mattos (2011, p. 50), "[...] a cultura não é vista como um mero reflexo de forças estruturais da sociedade, mas como um sistema de significados mediadores entre as estruturas sociais e as ações e interações humanas". Portanto, ainda partilhando da opinião de Mattos (2011), entendemos os sujeitos da pesquisa como atores sociais que constroem significações e evidenciam as estruturas sociais em seus processos interacionais. Os ambientes educacionais são permeados de relações que revelam como acontecem os processos, que podem ser compreendidos utilizando uma "descrição cultural" por meio etnográfico que busca "(1) conjunto de técnicas para coletar dados sobre valores, os hábitos, as crenças, as práticas e os comportamentos de um grupo social; e (2) um relato escrito resultante do emprego dessas técnicas" (ANDRÉ, 2008, p. 25)

A etnografia "[...] compreende o estudo pela observação direta e por um período de tempo, das formas costumeiras de viver de um grupo particular de pessoas: Um grupo de pessoas, associadas de alguma maneira[...]" (MATTOS,

2011, p. 15). Por isso, essa metodologia que busca encontrar os significados por meio da interpretação das ações contribuirá de maneira determinante para o desenvolvimento da pesquisa em educação, pois não se volta somente para dados, mas, também a descrição da cultura educacional e escolar, debruçando sobre práticas, hábitos, crenças, valores, funções, representações, valores, relações de poder, linguagens, significados, dentre outros.

É importante retomar a origem descritiva desse método, a etnografia está nos livros de viagem do século XXI e XX, que descrevem os modos de vida de sociedades desconhecidas. Mattos (2011) enfatiza que o objeto da etnografia é a construção e entendimentos dos significantes que estão no contexto da pesquisa sempre associados às questões culturais. "É a escrita do visível", segundo Mattos (2011, p. 54), que nos permite compreender melhor o significado do que está invisível. Compreendendo o significado contextual das relações será possível pensar no desenvolvimento amplo do contexto, envolvendo os atores sociais.

A etnografia vem nos despertar para a questão de que onde há um grupo de pessoas há, também, uma ordem social. Isso é algo inerente às organizações sociais. Portanto, uma sala onde se investiga Ciências, será sempre permeada de linguagens, crenças, significados. Para Mattos (2011, p. 58), "[...]existe uma ética de organização e um significado que é peculiar a este grupo especificamente [...]" e é em busca desse entendimento que buscamos delinear nesse trajeto da pesquisa em educação sob o viés etnográfico.

Cientes desse desafio, é importante compreender que questões envolvem o Ensino de Ciências para um efetivo Letramento Científico levando em consideração as contribuições da etnografia, cuja

> [...] abordagem de investigação científica traz algumas contribuições para o campo das pesquisas qualitativas, em particular para os estudo que se interessam pelas desigualdades sociais, processos de exclusão e situações sócio-interacionais, por alguns motivos entre eles estão: Primeiro, preocupa-se com uma análise holística ou dialética da cultura, isto é, a cultura não é vista como um mero reflexo de forças estruturais da sociedade, mas como um sistema de significados mediadores entre as estruturas sociais e as ações e interações humanas (MATTOS, 2011, p. 50).

Ainda, segundo Mattos (2011), a etnografia caracteriza-se nos seguintes aspectos: Observação participativa; dados interpretativos; pesquisa hermenêutica; questões propostas pelo pesquisador; trabalho de campo no contexto social da pesquisa.

Sob essa perspectiva, a etnografia curva-se holisticamente à problemática investigada, uma vez que "[...] O objetivo é documentar, monitorar, encontrar o significado da ação" (MATTOS, 2011, p. 51). A referida pesquisadora esclarece que as origens da etnografia se situam no final do século XIX, início do século XX, nos cadernos de viagem, descrevendo lugares, modos de vida dos povos e comportamentos.

Sobre a origem da palavra, têm-se:

> Etnografia – Grafia vem do grego graf(o) significa escrever sobre, escrever sobre um tipo particular – um etn(o) ou uma sociedade em particular. Antes de investigadores iniciarem estudos mais sistemáticos sobre uma determinada sociedade ele escreviam todos os tipos de informações sobre os outros povos por eles desconhecidos. Etnografia é a especialidade da antropologia, que tem por fim o estudo e a descrição dos povos, sua língua, raça, religião, e manifestações materiais de suas atividades, é parte ou disciplina integrante da etnologia é a forma de descrição da cultura material de um determinado povo (MATTOS, 2011, p.53).

Nesse sentido, a etnografia poderá contribuir de forma significativa para o exercício de compreensão dos processos educativos. É importante esclarecer que "se o foco de interesse dos etnógrafos é a descrição da cultura (práticas, hábitos, crenças, valores, linguagens, significados) de um grupo social, a preocupação central dos estudiosos da educação é com o processo educativos" (ANDRÉ, 2008, p. 25). Logo, o que deverá ocorrer são adaptações e contribuições da etnografia enquanto ciência para o campo educacional.

Segundo André (2008), a etnografia exige uma longa permanência do pesquisador em campo, estudos amplos de categorias sociais envolvidas, mais adequados a estudos educacionais. Diz André (2008, p. 25), que "O que se tem feito, de fato, é uma adaptação da etnografia à educação o que me leva a concluir que fazemos estudos do tipo etnográfico e não etnografia no seu sentido estrito" Portanto, aqui tratamos, na verdade, uma abordagem etnográfica.

Na proposta dessa abordagem, o pesquisador é participante, pois busca a interação com a situação em estudo. Nesse contexto, "[...] isso implica uma atitude de constante vigilância, por parte do pesquisador, para não importo seus pontos de vista, crenças e preconceitos[...]" (ANDRÉ, 2008, p. 26).

O pesquisador deverá assumir uma postura empática e ética, aguçando seus sentidos em busca de "[...] tentar ver e sentir, segundo a ótica, as categorias de pensamento e a lógica do outro[...]" (ANDRÉ, 2008, p. 27), por meio de uma ação característica das mais importantes na pesquisa etnográfica que é a coleta de dados. Nela,

> [...] O pesquisador se aproxima das pessoas e com elas mantém um contato direto por meio de entrevistas, conversas, enquetes. Registra, em seu diário de campo, descrição de pessoas, eventos e situações interessantes; opiniões e falas de diferentes sujeitos; tempo de duração de atividades; representações gráficas de ambientes. Além disso, recolhe documentos formais e informais, legais e pessoais, fotografa, grava em áudio e em vídeo (ANDRÉ, 2008, p. 27).

As pesquisas etnográficas educacionais possuem a duração que demandam os objetivos, priorizando a natureza descritiva da metodologia etnográfica em busca do significado atribuído às ações.

> Os significados podem ser diretamente expressos pela linguagem ou indiretamente pelas ações. Em toda sociedade as pessoas usam sistemas complexos de significados para organizar seu comportamento, para entender a si próprias e aos outros e para dar sentido ao mundo em que vivem (ANDRÉ, 2008, p. 28).

O articulador da construção desses significados será o pesquisador. Como observador e agente da coleta de dados, este procurará descrevê-los e analisá-los, de modo a construir seus significados.

> Finalmente, como na pesquisa etnográfica o pesquisador é o instrumento principal na coleta e análise dos dados, é possível manter um esquema aberto e flexível que permita rever os pontos críticos da pesquisa, localizar novos sujeitos, se necessário, incluir novos instrumentos e novas técnicas de coleta de dados, aprofundar certas

> questões, ainda durante o desenrolar do trabalho (ANDRÉ, 2008, p. 28).

O pesquisador deve transcender a sua visão na "[...] possibilidade de compreender o outro passa pela capacidade dele de abrir-se para manifestar a própria experiência de estar sendo[...]" (GHEDIN; FRANCO, 2008, p. 181).

Nesse sentido é necessário gerar a habilidade de compreender o outro. "Portanto, a pesquisa, mais do que descrever o mundo do outro, precisa explicá-lo para poder compreender os significados contidos em cada gesto e ação realizadas por um sujeito particular ou por ações coletivas[...]" (GHEDIN; FRANCO 2008, p. 182).

> O pesquisador usará suas habilidades de olhar, escutar, ler. Assim, tenderá a usar entrevistas e observações, estudar em arquivos e documentos, observar comportamentos não verbais e interpretar medidas não obstrutivas (GHEDIN; FRANCO 2008, p. 191).

Muitas pesquisas etnográficas situam-se na classificação de estudo de caso. De acordo com André (2008, p. 18) a "[...] Descrição significa que o produto final de um estudo de caso é uma descrição "densa" do fenômeno em estudo[...]", transitando na complexidade que é entender a singularidade de um caso particular. Desse modo, o "[...] estudo de caso educacional é quando muitos pesquisadores, usando estudos de caso estão preocupados não com teoria social nem com julgamento avaliativo, mas com a compreensão da ação educativa[...] (ANDRÉ, 2008, p. 21).

Portanto o Ensino de Ciências no intuito de promover o letramento científico baseado no método etnográfico visa compreender quais elementos compõem e compreendem essa cultura de sala aula de Ciências, do *lócus* em estudo. Partindo do particular, porém "[...] atento ao seu contexto e às suas inter-relações, enquanto um todo orgânico e a sua dinâmica enquanto um todo orgânico e à sua dinâmica enquanto um processo, uma unidade em ação[...]" (ANDRÉ, 2008, p. 24).

O estudo etnográfico tem como eixo inicial as questões movidas pelo pesquisador que irá voltar-se para um contexto específico descrito por ele. Algo que de alguma forma já está presente no discurso dos professores, exatamente contemplando uma das principais características da abordagem etnográfica educacional no estudo de caso. "Antes de tudo, há que atender ao princípio básico etnográfico, que é a relativização, para o que se faz necessário o estranhamento e a observação participante [...]" (ANDRÉ, 2008, p.25). A relativização consiste em esforçar-se para se distanciar ao máximo do universo do pesquisador e realizar uma imersão no universo do investigado. Essa ação irá norteá-lo pelo caminho do estranhamento que é a tentativa de compreender e "...apreender os modos de pensar, sentir, agir, os valores, as crenças, os costumes, as práticas e produções culturais dos sujeitos ou grupos estudados." (ANDRÉ, 2008, p.25)

Na observação participante, partimos do pressuposto que há sempre um grau de envolvimento do pesquisador "se admite que o pesquisador tem sempre um grau de interação com a situação estudada, afetando-a e sendo por ela afetado." (ANDRÉ, 2008, p.26) Portanto é indispensável uma retomada de consciência constante para não transpor e influenciar segundo suas próprias crenças e deliberações.

Nesse sentido é indispensável colocar-se no lugar do professor da sala de aula investigada, distanciando-se de uma visão predominantemente julgadora e passando a uma investigação de "estranhamento" a práticas já consideradas comuns. É o que André (2008) chama de "afastamento tático" por parte do pesquisador.

A ETNOGRAFIA E O ENSINO DE CIÊNCIAS: REFLEXÕES PARA O LETRAMENTO CIENTÍFICO

A palavra ou o tema letramento faz chegada e morada nas ciências linguísticas por meados dos anos 50, nos Estados Unidos. Já no Brasil é com os estudos de Kato (1986) e Tfouni (1988) que o termo e os conceitos em torno do letramento ganham o estatuto de termo técnico no léxico das produções científicas sobre linguagem e ciências. Um termo ou uma designação surgem quando algo novo revisita, a presença e consciência sobre isso precisa ganhar forma e nome. É importante destacar o que propõe Magda Soares, que dialoga diretamente com a nossa proposta de pesquisa:

> Socialmente e culturalmente, a pessoa letrada já não é a mesma que era quando analfabeta ou iletrada, ela passa a ter uma outra condição social e cultural - não se trata propriamente de mudar de nível ou de classe social, cultural, mas de mudar seu lugar social, seu modo de viver na sociedade, sua inserção na cultura - sua relação com os outros, com o contexto, com os bens culturais torna-se diferente. (SOARES, 2009, p. 37)

Dito isso, concordamos com Soares (2009), quando diz que o letramento é ir além do que é palpável: "tornar-se letrado é também tornar-se cognitivamente diferente: a pessoa passa a ter uma forma de pensar diferente da forma de pensar de uma pessoa analfabeta ou iletrada". (SOARES, 2009, p. 37)

Um pouco mais recente é o conceito de multiletramentos, termo advindo do inglês *multliteracy* ou *multiliteracies*. Esse conceito teve origem em grupo de dez pesquisadores em linguagem, *New London Group*, em 1994, na cidade de *New London*, nos Estados. Esses estudiosos foram motivados, inicialmente, a compreender como a globalização e as múltiplas tecnologias afetam e influenciam a educação. Essa tomada de consciência incorpora as percepções que de características linguísticas, culturais, comunicativas, dentre outras, que influenciará diretamente nas práticas educacionais. O intuito do multiletramento é compreender e realizar um movimento continuum entre docentes e discentes, entre o cotidiano desses sujeitos, a sociedade e o universo escolar a que estão imersos, "saindo da lógica do século XIX, da educação transmissiva." (ROJO, 2013, p. 3)

Entendendo que os educandos são como atores sociais que constroem significações e evidenciam as estruturas sociais em seus processos interacionais. Se nos voltarmos para o contexto do Ensino de Ciências, a forma como os professores ensinam Ciências, em sala de aula, evidencia muitos aspectos sociais, não somente questões educativas, linguísticas e inclusivas; há muitas relações sociais imbricadas que implicam comportamentos, posturas, escolhas.

As noções sobre letramento científico dialogam com o ponto inicial das pesquisas realizadas e publicadas por Cunha (2017) que expõe o alto apoio a referências bibliográficas em língua inglesa e sobre a entrada do termo "letramento" no campo dos estudos da linguagem no meio acadêmico e um diálogo entre o Ensino de Ciências para pensar-se a potencialidade sobre a noção de letramento científico.

Observa-se que os estudos acerca dos multiletramentos trazem algo essencial ao letramento científico que é a noção de *continuum*, a educação científica não está sob a esfera do "sim" e do "não", mas, nas possibilidades de movimento, construção, ressignificação.

Ao nos debruçarmos sobre as possibilidades de estudar Ciências, teremos, basicamente, pelo menos duas formas de abordagem: a mais tradicional que evoca conceitos, teorias, métodos, e a outra mais dialógica que busca entrar em sintonia com as múltiplas relações da sociedade, é importante salientar que são abordagens complementares, não excludentes. A noção de letramento científico advinda das pesquisas sobre linguagem e ensino de línguas tem como um dos principais eixos a preocupação com o conhecimento prévio do aluno, ou seja, aquele que o indivíduo construiu ao longo dos anos, inclusive sua identidade linguística e as noções científicas.

Entendemos que letrar cientificamente vai muito além de saberes escolares, é também um ato político. Pois, serão promovidos saberes escolares em consonância com conscientização de pertencimento social e político sobre os estudos científicos e, assim, os estudantes serão agentes de um posicionamento sobre questões científicas e sociais, como, por exemplo: questões ambientais, medidas públicas sanitárias para conter um vírus, responsabilidade social individual e coletiva em meio a uma pandemia, dentre tantos outros temas.

Isso, decerto, leva-nos a ponderar sobre a relação que as pessoas passaram a estabelecer entre si; no Ensino de Ciências, no campo educacional, em particular, sobre a escola atual e sobre quem nela atua diretamente, na relação que se estabelece entre o professor e os letramentos. Frente ao dito, compreendemos que, para momento repleto de mudanças e incertezas, como afirma Imbernón (2011), fazem-se mudanças nas tradicionais posturas docentes, e que o professor seja, também, agente dessas alterações, considerando as atuais formas de pensar, sentir e agir, consequências de transformações científicas, nos meios de comunicação e na tecnologia.

Sob essa linha de raciocínio, o professor como um profissional politizado, aprendente, um profissional que vê em sua prática a possibilidade de pesquisas e mudanças, voltado para uma sociedade justa para todos, consciente de suas potencialidades e fraquezas. O letramento científico-tecnológico também dos profissionais docentes, por entender que se faz imprescindível uma formação que tome cada vez maior consciência que já não é possível caminhar somente sob a perspectiva de memorização de teorias, conceitos e processos científicos.

Logo, tem-se aqui por base para a compreensão de letramento científico o entendimento de que é preciso "[...] saber ler a linguagem em que está escrita a natureza. É um analfabeto científico aquele incapaz de uma leitura do universo." (CHASSOT, 2003, p. 91), e que o professor precisa ter consciência disso e refletir sobre isso em sua própria formação, ressignificando/transformando suas ações, bem como tomar consciência de sua capacidade de criação/ invenção diante de singularidade discentes e contextuais, visto que letramento científico-tecnológico do professor, também, se faz presente na participação ativa deste profissional.

Sob essa abordagem, é possível ver o ser humano a partir de um conceito mais holístico, na condição de alguém diretamente conectado a um contexto social, cultural e histórico. A etnografia "[...] Compreende o estudo pela observação direta e por um período de tempo, das formas costumeiras de viver de um grupo particular de pessoas: um grupo de pessoas, associadas de alguma maneira [...]" (MATTOS, 2011, p. 15). Por isso, essa metodologia que busca encontrar os significados por meio da interpretação das ações.

Desse modo, a abordagem etnográfica formativa possui como marco teórico- metodológico indispensável para a empreitada conhecer o caminhar docente, pois, segundo Josso (2004), nela, o pesquisador, longe de distanciar-se e procurar controlar e explicar os fenômenos, procura ele construir significados e sentidos, para, dessa forma, formar e (trans)formar-se durante a ação da pesquisa. Sob essa perspectiva com viés etnográfico, o pesquisador também é transformado e formado durante seu caminhar, de modo que escuta para entender, construir e formar.

A partir dos pressupostos metodológicos da etnografia é possível conceber percepções e compreensões acerca do microcosmo de uma aula de Ciências Naturais e atentar-se para a categoria de organização sócio-cultural nela existente.

Portanto, letrar cientificamente um aluno é estar atento às singularidades desses aprendizes, acrescentando, também, o ensino significativo ao contexto para que estes alunos estejam motivados conforme seus interesses em condição de acesso, equidade e igualdade de ensino-aprendizagem. Essa preocupação não é recente, como apontada por Cunha (2017) onde faz um levantamento histórico sobre desde a origem do termo *scientific literacy* até como foi recebido no meio brasileiro

Os conceitos sobre letramentos e multiletramentos tem base nos estudos sobre a linguagem, porém a noção sobre letramento científico é extremamente importante para vários segmentos da sociedade e indispensável à educação. Indo ao encontro desse pensamento, entendemos que já não como pensar em formação docente sem se preocupar com as noções de multiletramentos, assim como não há como deixar ninguém de fora desse processo, reforçado que ensinar Ciências de forma a dialogar com a singularidade do alunado é algo indispensável.

Para obter êxito em seus propósitos em sala de aula, o professor necessita realizar uma prática que vá ao encontro do contexto no qual está inserido, na promoção de um aprendizado significativo e útil, facilmente aplicado à realidade. Nesse sentido, Imbernón (2011, p.14) destaca que:

> A especificidade dos contextos em que se educa adquire cada vez mais importância: a capacidade de se adequar a eles metodologicamente, a visão de um ensino não técnico, como transmissão de um conhecimento acabado e formal, e sim como um conhecimento em construção e não imutável, que analisa a educação como um compromisso político prenhe de valores éticos e morais [...]

Nessa busca por formações que ajudem a estabelecer reflexões sobre a prática contextualizada, o pensamento docente deve ultrapassar as paredes das instituições e ir em busca da realidade social, traçando fazeres investigativos que priorizem dados qualitativos.

Priorizar a formação de um professor reflexivo, para que esse profissional seja instigado a traçar novas análises, caminhos e investigações que propiciem condições para uma educação de qualidade e igualitária é um caminho. Moura (2008, p.30) propõe que "Nesse processo educativo, o professor deve assumir outra atitude, forjada a partir de outro tipo de formação que deve ser crítica, reflexiva e orientada pela responsabilidade social." Quando o fazer docente assume esse propósito, o estudante será levado a vivenciar uma nova perspectiva na sua própria educação.

Os professores são agentes sociais importantes, que atuam politicamente em suas instituições, ultrapassando barreiras físicas, indo além de meras instruções técnicas. São formadores de opinião; logo, sua formação deverá estar atrelada a questões de desenvolvimento humano, pois é um profissional que costuma ajudar a percorrer os caminhos do aprendizado, respeito às diferenças, equidade de oportunidade, dentre outros fatores importantes para uma educação igualitária e de excelência.

Segundo Imbernón (2011, p. 48), o desenvolvimento profissional vai além da formação, posto que ela atua também como espaço de mudança social, ou seja, para ele, "Significa também analisar a formação como elemento de estímulo e de luta pelas melhorias sociais e profissionais e como promotora de estabelecimento de novos modelos relacionados na prática da formação s das relações de trabalho".

CONSIDERAÇÕES FINAIS

São muitos os desafios quando tratamos de educação científica, mas há um consenso quando afirmamos a necessidade de promover o diálogo entre os saberes que chegam aos alunos por diversas vias, e os saberes que estão nos livros.

Logo, promover uma metodologia que considere os múltiplos discursos estabelecendo práticas que frutifiquem e transponham barreiras, deve ser considerada, a fim de potencializar os aprendizados significativos intermediados por elementos socioculturais, isto, a metodologia etnográfica pode oferecer.

Desse modo, compreendemos a etnografia como um valioso percurso metodológico para compreensões teóricas e produção de conhecimento no Ensino de Ciências, viabilizando uma análise detalhada da estrutura social e da produção de significados do contexto investigado. Nessa imersão, o pesquisador, etnógrafo, é um investigador das práticas educativas significativas que dialogam com os anseios da comunidade, resultando em um Ensino de Ciências em consonância com as necessidades reais e cotidianas, promovendo o efetivo letramento científico.

REFERÊNCIAS

ANDRÉ, Marli Eliza Dalmazo Afonso de. **Estudo de caso em pesquisa e avaliação educacional**. 3 ed. Brasília: Liber Livro Editora, 2008.

CHASSOT, Attico. Alfabetização científica: uma possibilidade para a inclusão social. **Revista Brasileira de Educação**, n. 22, p. 89-100, 2003. Disponível em: https://doi.org/10.1590/S1413-24782003000100009. Acesso em: 27 set. 2023.

CUNHA, Rodrigo Bastos. Alfabetização científica ou letramento científico?: interesses envolvidos nas interpretações da noção de scientific literacy. **Revista Brasileira de Educação (online)**. 2017, v. 22, n. 68, pp. 169-186. Disponível em: https://doi.org/10.1590/S1413-24782017226809. Acesso em: 27 set. 2023.

GHEDIN, Evandro; FRANCO, Maria Amélia Santoro. **Questões de método na construção da pesquisa em educação**. São Paulo: Cortez, 2008.

IMBERNÓN, Francisco. **Formação docente e Profissional**: formar-se para a mudança e a incerteza. 9 ed. São Paulo: Cortez, 2011.

JOSSO, Marie-Christine. **Experiências de vida e formação**. Trad. José Claudino e Júlia Ferreira. São Paulo: Cortez, 2004.

MACIEL, Lizete Shizue Bomura; SHIGUNOV NETO, Alexandre (Org.) **Formação de professores**: passado, presente e futuro. São Paulo, Cortez, 2004.

MATTOS, Carmen Lúcia Guimarães de. **A abordagem etnográfica na investigação científica**. In MATTOS, Carmen Lúcia Guimarães de; CASTRO, Paula Alemeida. (Org). Etnografia e educação: conceitos e usos. Campina Grande: EDUEPB, 2011. pp. 49-83.

MOURA, Dante Henrique. A formação de docentes para a educação profissional e tecnológica. In. **Revista Brasileira da Educação Profissional e Tecnológica**. v. 1, n. 1, p. 23-38, 2008. Disponível em: https://doi.org/10.15628/rbept.2008.2863. Acesso em: 27 set. 2023.

ROJO, Roxane. Entrevista: **Multiletramentos, multilinguagens, novas aprendizagens**. Universidade Federal do Ceará/Grupo de Pesquisa da Relação Infância, Adolescência e Mídia; 2013

PEIRANO, Marisa. **A favor da etnografia**. Anuário Antropológico, *[S. l.]*, v. 17, n. 1, p. 197–223,2018. Disponível em: https://periodicos.unb.br/index.php/anuarioantropologico/article/view/6535. Acesso em: 3 out. 2023.

SOARES, Magda. **Letramento**: um tema em três gêneros. 3. ed. Belo Horizonte: Autêntica Editora, 2009.

POSFÁCIO

O desafio de repensar o ensino de ciências numa perspectiva que valorize a nossa cultura, o nosso modo de ser e fazer

Quando Ana Karine me entregou os originais da coletânea que compõem a obra *"Pesquisas em Ensino de Ciências: Perspectivas e Práticas"*, dei uma primeira olhada e, como fui um indutor desta obra, senti um encantamento pelo lugar de fala a que Ana Karine, que também é organizadora desta obra, me conduziu ao me fazer o convite para escrever o posfácio da obra. Confesso que me causou um estranhamento, pois é mais comum escrever um prefácio e não um posfácio. Escrever um posfácio é colocar a essência e seus possíveis desdobramentos para aqueles que se atrevem a ler essa obra. Lembrando que cada um interpreta os textos a partir do seu olhar. Então, coube a esta pessoa desafiar os futuros leitores a imergir nos diferentes textos que compõem essa coletânea. Por isso, e só por causa disso é que aceitei o desafio para escrever este posfácio.

Me vi então, procurando algo para dizer sobre essa coletânea de textos, que embora de diferentes autores e autoras, de diferentes instituições e de diferentes perspectivas teóricas se complementam, mesmo que os diferentes autores e autoras nunca tenham discutido suas ideias e as apresentadas antes de construírem seus textos. Bem, meu papel aqui não é de fazer uma análise crítica ou o papel do pesquisador buscando procedimentos teóricos-metodológicos. Eu queria apenas ler, olhar e refletir sobre o que cada texto tem a nos dizer sobre o Ensino de Ciências. Então saí à procura disso. Confesso que não sei se encontrei. Só o tempo poderá dizer ou talvez vocês leitores possam me dar outras pistas que passaram despercebidos por meu olhar.

Nesses tantos anos que leio, leio e releio artigos, livros e ensaios sobre o Ensino de Ciências, percebi que, de alguma forma, em algum momento, que os textos e a forma como foram construídos nos dão uma pista de como quer ser lido, como quer ser tocado e nos tocar. Ao mesmo tempo, sinto que cada texto dessa obra, é tanto melhor quando a versão dos autores não coincidirem completamente com a versão dos leitores, pois cada um os interpreta a partir de seu lugar de fala.

Comentando a obra e seu título, *Pesquisas em Ensino de Ciências: Perspectivas e Práticas*, cada capítulo me disse coisas graves. Contou sobre a epistemologia tradicional do Ensino de Ciências, de como esta epistemologia colabora com a manutenção das injustiças sociais, o racismo e as desigualdades, de modo que se mantém politicamente neutra. E, também, da sua força e de como uma ciência expressos nos poemas. Mas, os autores e autoras jogam um pouco de luz, de esperança ao, também, fazerem suas narrativas a partir de diferentes perspectivas, mostrando que outra epistemologia para o ensino de ciências é possível. Por exemplo, no capítulo sobre ***Ensino de ciências e relações étnico-raciais: as contribuições das epistemologias do sul***, os autores nos colocam que "no Ensino de Ciências, as epistemologias do sul possibilitam a articulação de saberes indígenas, campesinos e quilombolas, transformando-os em experiências pedagógicas que valorizam a defesa da vida e dos territórios. Isso contribui para o reconhecimento de saberes historicamente marginalizados." Quando no capítulo sobre **Abordagem temática no ensino de ciências: explorando a influência freireana e as repercussões do movimento CTS** ou no capítulo que aborda **A inserção do enfoque ciência, tecnologia e sociedade (CTS) no Ensino Médio brasileiro: uma análise bibliométrica,** bem como em outro capítulo, **Explorando as relações entre letramento científico e Ensino de Ciências: uma revisão sistemática**, que de forma independente procuram nos apresentar possibilidades de uma visão humanística de Ensino de Ciências em uma perspectiva educacional que vai além de visões reducionistas de ciências, pois o mundo contemporâneo não pode desvincular CT da sociedade, assim como deve entender que CT são feitas pelos homens, sujeitos com historicidade e cultura.

Mas o mais interessante é perceber que ensino de ciências não é apenas cognição, é e deve ser também momentos para as emoções e para a ludicidade, como bem colocado nos dois capítulos que complementam essa obra: **Contribuições da neurociência cognitiva na formação de professores em Ensino de Ciências** e **A ludicidade como instrumento no Ensino de Ciências**, em que apontam que desbravar possibilidades para o futuro, é ousar novos olhares para o Ensino de Ciências, principalmente porque estamos lidando, na escola, com a sociedade do amanhã. Por fim, para completar a perspectiva de uma epistemologia para o Ensino de Ciências é que não podíamos deixar passar os outros dois capítulos, que num primeiro olhar parecem serem tão distintos, mas que para um olhar mais apurado vai perceber que **Contributos da metodologia do Design Research** para pesquisa no Ensino de Ciências e **O ensino de estocástica nos anos iniciais a partir das contribuições da literatura infantil**, também nos colocam possibilidades outras, não só de pensar o Ensino de Ciências, mas de planejar, de construir e fazer de forma intencional.

O título da obra faz jus à temática. A coletânea também. Sou professor. Sigo o texto, cheio de perguntas, acostumado que sou com essas leituras lineares de textos acadêmicos. Como professor, ajudo aos futuros leitores: é desafiador pensar, conceber e vivenciar outro Ensino de Ciências. E não vou explicar agora, porque essa não é minha função aqui, deixo para vocês realizarem a leitura iniciando por aqueles capítulos que mais lhe chamaram a atenção.

Enfim, chegamos ao fechamento desta parte da obra, e só para ter a certeza de que nos entendemos, apreciem e degustem de cada capítulo dessa obra e, se possível vamos pensar em outras perspectivas para o Ensino de Ciências!

Edson José Wartha

OS AUTORES

ANA KARINE PORTELA VASCONCELOS

Doutora e Mestra em Engenharia Civil (Saneamento Ambiental) pela Universidade Federal do Ceará (UFC). Professora do Instituto Federal de Educação, Ciência e Tecnologia do Estado do Ceará (IFCE) *campus* Paracuru. Docente permanente do Mestrado em Ensino de Ciências e Matemática - PGECM/IFCE e do Doutorado em Ensino (Rede Nordeste - RENOEN) - Polo IFCE.

ANA LAURA DOS SANTOS OLIVEIRA

Mestranda em Ensino de Ciências e Matemática pelo Instituto Federal do Ceará (PGECM/IFCE). Graduada em Química pela Universidade Estadual do Ceará (UECE). Professora Efetiva da Secretaria de Educação do Estado do Ceará (SEDUC).

AUZUIR RIPARDO DE ALEXANDRIA

Doutor e Mestre em Engenharia de Teleinformática pela Universidade Federal do Ceará (UFC). Professor do Instituto Federal de Educação, Ciência e Tecnologia do Ceará, Campus Fortaleza. Docente do Doutorado Acadêmico em Ensino, da Rede Nordeste de Ensino, polo IFCE.

BENEDITO GONÇALVES EUGENIO

Doutor em Educação (UNICAMP). Professor Titular da Universidade Estadual do Sudoeste da Bahia, atuando na graduação, no Programa de Pós-Graduação-Mestrado Acadêmico em Relações Étnicas e Contemporaneidade e Programa de Pós-Graduação em Ensino-mestrado e doutorado (PPGEN). Coordenador do Programa de Pós-Graduação em Ensino (PPGEN- 2018-2023).

BLANCHARD SILVA PASSOS

Doutorando em Ensino pelo Programa Rede Nordeste de Ensino (RENOEN) no polo Instituto Federal de Educação, Ciência e Tecnologia do

Estado do Ceará (IFCE). Mestre em Ensino de Ciências e Matemática pelo Instituto Federal do Ceará (PGECM/IFCE). Professor Efetivo da Secretaria de Educação do Estado do Ceará (SEDUC).

CATIANA NERY LEAL

Doutoranda em Ensino pelo Programa Rede Nordeste de Ensino (RENOEN) no polo da Universidade Estadual do Sudoeste da Bahia (PPGEN/UESB).

CRISTIANA MARIA DOS SANTOS SILVA

Doutoranda em Ensino pelo Programa Rede Nordeste de Ensino (RENOEN) no polo Instituto Federal de Educação, Ciência e Tecnologia do Estado do Ceará (IFCE). Mestra em Ensino de Ciências e Matemática (PGECM/IFCE). Professora Efetiva da Secretaria de Educação do Estado do Ceará (SEDUC).

DANIEL BRANDÃO MENEZES

Doutorado e Pós-doutorado em Educação Brasileira pela Universidade Federal do Ceará (UFC). Professor Associado da Universidade Estadual do Ceará (UECE). Professor Colaborador do Mestrado em Tecnologias Educacionais (UFC).

DINA SÉFORA SANTANA MENEZES

Doutoranda em Ensino pelo Programa Rede Nordeste de Ensino (RENOEN) no polo Instituto Federal de Educação, Ciência e Tecnologia do Estado do Ceará (IFCE). Mestra em Ensino de Ciências e Matemática pelo Instituto Federal do Ceará (PGECM/IFCE). Graduada em Matemática (Licenciatura) pela Universidade Estadual do Ceará (UECE). Graduada em Pedagogia e Especialista em Educação Matemática pela Universidade Estadual Vale do Acaraú (UVA). Professora Efetiva da Educação Básica da Rede Pública de Maracanaú.

EDSON JOSÉ WARTHA

Doutor em Ensino de Ciência (USP). Docente da Universidade Federal de Sergipe – UFS. Docente no programa de Pós-Graduação em Ensino da

Rede Nordeste de Ensino (RENOEN/UFS) e do Programa de Pós-Graduação em Ensino de Ciências e Matemática -PPGECIMA/UFS

ERIVANILDO LOPES DA SILVA

Pós-Doutor em Didática das Ciências pela Universidade de Aveiro. Doutor em Filosofia, História e Ensino de Ciências pela Universidade Federal da Bahia (UFBA). Mestre em Ensino de Ciências pela Universidade de São Paulo (USP). Professor do Programa de Pós-Graduação em Ensino (RENOEN) pela Universidade Federal de Sergipe.

HEMETÉRIO SEGUNDO PEREIRA ARAÚJO

Doutorando em Ensino pelo Programa Rede Nordeste de Ensino (RENOEN) no polo Instituto Federal de Educação, Ciência e Tecnologia do Estado do Ceará (IFCE). Mestre em Ciências da Educação na área de Inovação Pedagógica pela Universidade da Madeira/UMa em Portugal. Professor Efetivo da Secretaria de Educação do Estado do Ceará (SEDUC).

LORENA DE QUEIROZ PIMENTEL

Mestre em Ensino de Ciências e Matemática pela Universidade Federal de Sergipe. Graduação em Química (licenciatura) pela Universidade Federal de Sergipe (UFSE). Professora da rede pública do estado de Sergipe.

LUIZ HENRIQUE BARROS DA SILVA

Doutorando no Programa de Pós-Graduação em Ensino, Filosofia e História das Ciências (PPGEFHC/UFBA/UEFS). Mestre em Ensino de Ciências e Matemática pela Universidade Federal de Sergipe. Professor da rede pública do estado da Bahia.

MAIRTON CAVALCANTE ROMEU

Doutor e Mestre em Física (UFC). Doutor em Engenharia de Teleinformática (UFC). Professor do Instituto Federal de Educação, Ciência e Tecnologia do Estado do Ceará (IFCE).

MARIA CLEIDE DA SILVA BARROSO

Docente no Instituto Federal de Educação, Ciência e Tecnologia do Ceará - IFCE Campus Fortaleza. Docente no programa de Pós-Graduação em Ensino da Rede Nordeste de Ensino (RENOEN-IFCE). Doutora em Educação, pela Universidade Federal do Ceará - UFC

PATRICIA CAMPÊLO DO AMARAL FAÇANHA

Doutoranda em Ensino pelo Programa Rede Nordeste de Ensino (RENOEN) no polo Instituto Federal de Educação, Ciência e Tecnologia do Estado do Ceará (IFCE). Mestra em Ciências Fisiológicas pela Universidade Estadual do Ceará (2004).

PEDRO BRUNO SILVA LEMOS

Doutorando em Ensino pelo Programa Rede Nordeste de Ensino (RENOEN) no polo Instituto Federal de Educação, Ciência e Tecnologia do Estado do Ceará (IFCE). Mestre em Educação Profissional e Tecnológica pelo Programa de Pós-Graduação em Educação Profissional e Tecnológica (PROFEPT), polo Instituto Federal de Educação, Ciência e Tecnologia do Ceará (IFCE).

RAFAEL CASAES DE BRITO

Doutorando em Ensino pelo Programa Rede Nordeste de Ensino (RENOEN) no polo da Universidade Estadual do Sudoeste da Bahia (PPGEN/UESB). Professor de Ciências e Biologia da educação básica da rede pública e privada.

RAQUEL CROSARA MAIA LEITE

Doutora em Educação pela Universidade Federal de Santa Catarina (UFSC). Docente da Universidade Federal do Ceará (UFC). Professora do Programa de Pós-Graduação em Educação Brasileira (PPGE), do Mestrado Profissional em Ensino de Ciências e Matemática (ENCIMA) e da Rede Nordeste de Ensino (RENOEN) polo UFC.

SANDRO CÉSAR SILVEIRA JUCÁ

Docente no Instituto Federal de Educação, Ciência e Tecnologia do Ceará - IFCE Campus Fortaleza. Docente no programa de Pós-Graduação em Ensino da Rede Nordeste de Ensino (RENOEN-IFCE). Doutor em Engenharia Elétrica, pela Universidade Federal do Ceará – UFC

SIGOUVENY CRUZ CARDOSO

Doutoranda da Rede Nordeste de Ensino pela Universidade Federal de Sergipe (RENOEN / UFS). Mestre em Ensino de Ciências e Matemática pela Universidade Federal de Sergipe (UFS).

SOLONILDO ALMEIDA DA SILVA

Doutor em Educação, pela Universidade Federal do Ceará (UFC). Docente no Instituto Federal de Educação, Ciência e Tecnologia do Ceará (IFCE) Campus Fortaleza. Docente no programa de Pós-Graduação em Ensino da Rede Nordeste de Ensino (RENOEN-IFCE).

SUELEM MAQUINÉ RODRIGUES

Doutoranda em Ensino pelo Programa Rede Nordeste de Ensino (RENOEN) no polo da Universidade Federal do Ceará (UFC). Professora do Instituto Federal de Educação, Ciência e Tecnologia do Estado do Ceará (IFCE).

Impresso na Prime Graph
em papel offset 75 g/m²
fonte utilizada adobe caslon pro
fevereiro / 2024